首都圏版㉓ **使いやすい！教えやすい！家庭学習に最適の問題集！**



# 洗足学園小学校

## 2021 年度版 過去問題集

<問題集の効果的な使い方>

①お子さまの学習を始める前に、まずは保護者の方が「入試問題」の傾向や、どの程度難しいか把握します。もちろん、すべての「学習のポイント」にも目を通してください

②各分野の学習を先に行い、基礎学力を養いましょう！

③「力が付いてきたら」と思ったら「過去問題」にチャレンジ！

④お子さまの得意・苦手がわかったら、その分野の学習をすすめ、全体的なレベルアップを図りましょう！

### 合格のための問題集

洗足学園小学校

| | |
|---|---|
| 推理 | Ｊｒ・ウォッチャー 31「推理思考」 |
| 言語 | Ｊｒ・ウォッチャー 60「言葉の音（おん）」 |
| 図形 | Ｊｒ・ウォッチャー ８「対称」 |
| 巧緻性 | 実践 ゆびさきトレーニング①②③ |
| 常識 | Ｊｒ・ウォッチャー 27「理科」、55「理科②」 |

**全40問**

**昨年度実施の過去問題**
**＋**
**それ以前の特徴的な問題**
**を収録!!**

日本学習図書 ニチガク

# 目指せ！合格！ 家庭学習ガイド
## 洗足学園小学校

## 入試情報

**応募者数**：男子 290 名／女子 303 名
**出題形式**：ペーパー、運動、行動観察
**面　　接**：保護者・志願者面接
**出題領域**：ペーパー（記憶、図形、言語、推理、常識）、制作、運動

## 入試対策

2018 年度より行われるようになった男女別日程の入学試験は、2020 年度も継続されました。男女によって問題内容が異なります。出題領域はペーパーテスト、制作、運動でした。また、ペーパーテストの出題分野では、例年出題されていたお話の記憶や点図形がなくなり、水の状態変化についての問題が出題されるなど、例年とは異なる傾向の問題も出題されています。過去問だけでなく、幅広い分野の対策を行い、対応できるようにしてください。
制作では、例年通り、濃淡を付けて色を塗る問題と、ちょうちょ結びが出題されています。毎年出題されていますので、しっかり練習しておきましょう。また運動テストも、ほぼ例年通りです。内容そのものだけでなく、積極性や協調性を、お友だちと遊ぶ中で磨いていってください。

- 筆記用具はＨＢの鉛筆が使用されました。ふだんの学習において筆圧にも注意してください。
- 2017 年度は出題されなかったお話の記憶ですが、2018 年度の入試では地図を使ったお話の記憶、2019 年度はいわゆる一般的なお話の記憶が出題となりました。３年連続で傾向が変化しているので、動向が注目されます。
- 面接では、お子さま自身のことから、子育て、保護者の方の教育観、中学受験、または説明会参加の有無や感想、学校での勉強まで幅広く聞かれ、さらに答えた質問に対して掘り下げる質問がなされます。事前に願書と共に提出する親子面接資料に基づいて行われますので、準備をしっかりとしておいてください。

## 必要とされる力 ベスト６

チャートで早わかり！

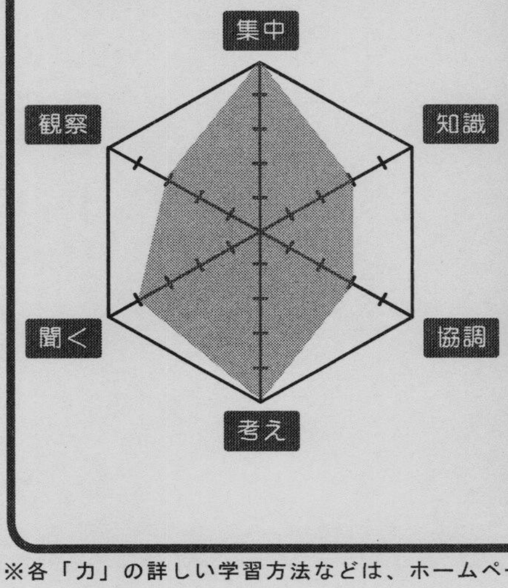


特に求められた力を集計し、左図にまとめました。
下図は各アイコンの説明です。

| アイコンの説明 | |
|---|---|
| 集中 | 集　中　力…他のことに惑わされず１つのことに注意を向けて取り組む力 |
| 観察 | 観　察　力…２つのものの違いや詳細な部分に気付く力 |
| 聞く | 聞　く　力…複雑な指示や長いお話を理解する力 |
| 考え | 考える力…「～だから～だ」という思考ができる力 |
| 話す | 話　す　力…自分の意志を伝え、人の意図を理解する力 |
| 語彙 | 語　彙　力…年齢相応の言葉を知っている力 |
| 創造 | 創　造　力…表現する力 |
| 公衆 | 公衆道徳…公衆場面におけるマナー、生活知識 |
| 知識 | 知　　　識…動植物、季節、一般常識の知識 |
| 協調 | 協　調　性…集団行動の中で、積極的かつ他人を思いやって行動する力 |

※各「力」の詳しい学習方法などは、ホームページに掲載してありますのでご覧ください。http://www.nichigaku.jp

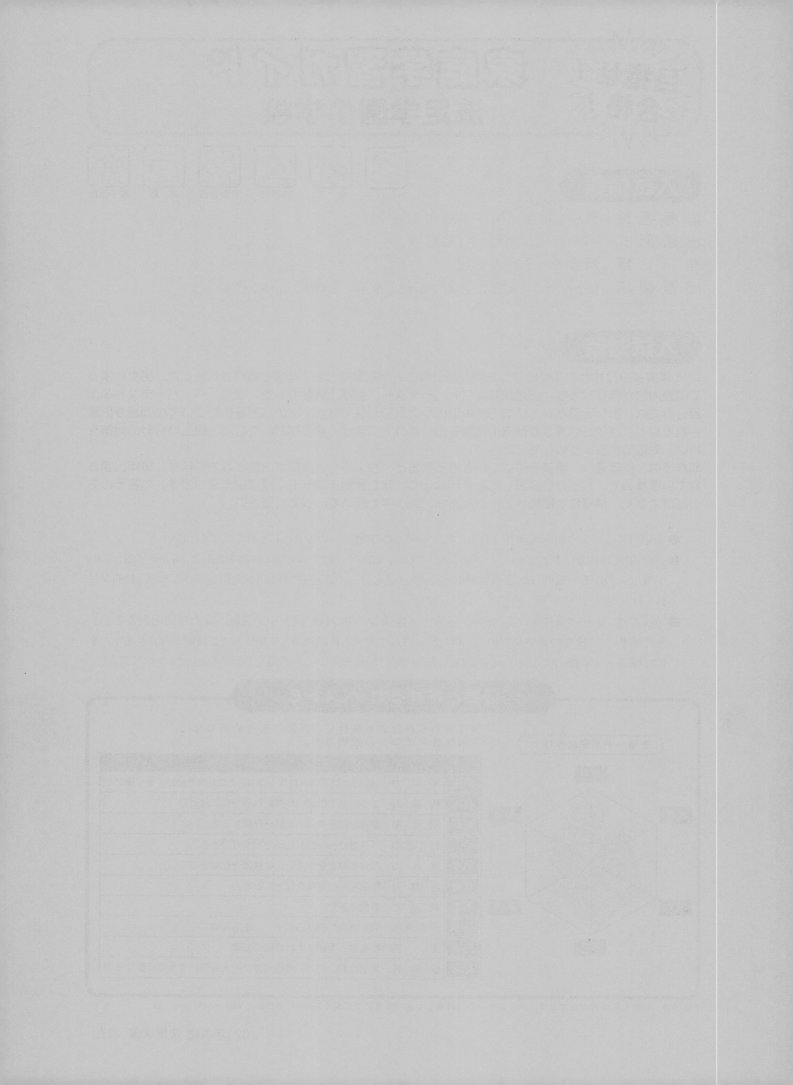

# 「洗足学園小学校」について

## ＜合格のためのアドバイス＞

当校は、中学入試に力を入れている小学校です。多くの児童が難関国私立中学に進学している実績が注目を集め、2020年度は志願者数を約12％伸ばしています。当校では、６年生の１学期には小学校の履修内容をすべて修了し、２学期からは中学入試の対策を行う、というカリキュラムを策定しています。小学校受験においても、高度な授業内容に順応し、学力を伸ばす素地をもっているかどうかを観るものとなっています。

学力を伸ばす素地として、当校では、知的好奇心、思考力、そして家庭教育の３点を重視しているようです。身の周りにあるものの変化に気が付き、さまざまなものに興味を持って観察し、考えられるかどうかという、学習意欲や探究心を問う問題が出題されています。お子さまに指導する際には、保護者の方がそれらの点に気を配ってください。

試験全体では、ペーパーテストに重点が置かれているように感じられます。国語・算数・理科・社会の主要４教科の授業時数が標準より多く設けられており、密度の高い授業を行うため、授業に対する集中力や持続力もさることながら、向学心を持つことも大切となります。また、近年では思考力を判断するため、ペーパーテストの分野や形式のうち２割～３割を毎年入れ替えています。学習の際には、この点に留意してください。

運動テストでは、お子さまの運動能力というよりも、取り組む姿勢が観られています。待機中に座り込んだり、おしゃべりをしたりすることなく、お友だちを応援することができているかが重視されています。きちんと指示に従って行動することも重要です。ルールを守り、協調性を持って積極的に取り組むことができるようにしておきましょう。また、移動時やトイレ時、休憩中も試験中であるという意識を持ち、２時間の試験に集中して臨めるようにしてください。このような場でも、学校側による観察はしっかり行われています。

当校は入学時から「全員が中学受験をする学校である」ことを明確にしており、面接時にも中学受験についての質問が必ずあります。中学受験のことまでしっかりと考えた上で受験してください。

志願者本人への面接時には、１つの話題について掘り下げる質問がなされます。これにより、志願者が、どのような環境でどのような生活習慣を身に付けてきたかが表れます。お子さまの学習面や生活面だけでなく、お子さまを含むご家庭全体が評価されていると考えてください。

### ◇過去の応募状況

| | | |
|---|---|---|
| 2020年度 | 男子 290名 | 女子 303名 |
| 2019年度 | 男子 250名 | 女子 280名 |
| 2018年度 | 男子 260名 | 女子 286名 |
| 2017年度 | 男子 243名 | 女子 202名 |

### 〈2020年度選考〉

◆保護者・志願者面接
（考査日前に実施／約15分）
◆保護者面接資料（願書と共に提出）
◆ペーパーテスト
◆制作
◆運動テスト（集団）

### 入試のチェックポイント

◇受験番号は……「生年月日順」
◇生まれ月の考慮……「あり」

# 洗足学園小学校
# 過去問題集

## 〈はじめに〉

　現在、少子化が叫ばれているにもかかわらず、私立・国立小学校の入学試験には一定の応募者があります。入試は、ただやみくもに学習するだけでは成果を得ることはできません。志望校の過去における出題傾向を研究・把握した上で、練習を進めていくこと、その上で試験までに志願者の不得意分野を克服していくことが必須条件です。そこで、本問題集は小学校を受験される方々に、志望校の出題傾向をより詳しく知って頂くために、過去に遡り出題頻度の高い問題を結集いたしました。最新のデータを含む精選された過去問題集で実力をお付けください。
　また、志望校の選択には弊社発行の**「2021年度版 首都圏・東日本 国立・私立小学校 進学のてびき」**をぜひ参考になさってください。

## 〈本書ご使用方法〉

◆出題者は出題前に一度問題を通読し、出題内容などを把握した上で、〈 準 備 〉の欄に表記してあるものを用意してから始めてください。
◆お子さまに絵の頁を渡し、出題者が問題文を読む形式で出題してください。問題を読んだ後で、絵の頁を渡す問題もありますのでご注意ください。
◆**「分野」**は、問題の分野を表しています。弊社の問題集の分野に対応していますので、復習の際の目安にお役立てください。
◆問題番号右端のアイコンは、各問題に必要な力を表しています。詳しくは、アドバイス頁（ピンク色の１枚目下部）をご覧ください。
◆一部の描画や工作、常識等の問題については、解答が省略されているものがあります。お子さまの答えが成り立つか、出題者が各自でご判断ください。
◆**〈 時 間 〉**につきましては、目安とお考えください。
◆解答右端の［〇年度］は、問題の出題年度です。［2020年度］は、「2019年の秋から冬にかけて行われた2020年度入学志望者向けの考査で出題された問題」という意味です。
◆**学習のポイント**は、指導の際にご参考にしてください。
◆**【おすすめ問題集】**は各問題の基礎力養成や実力アップにご使用ください。

## 〈本書ご使用にあたっての注意点〉

◆文中に**この問題の絵は縦に使用してください。**と記載してある問題の絵は縦にしてお使いください。
◆〈 準 備 〉の欄で、クレヨンと表記してある場合は12色程度のものを、画用紙と表記してある場合は白い画用紙をご用意ください。
◆文中に**この問題の絵はありません。**と記載してある問題には絵の頁がありませんので、ご注意ください。なお、問題の絵の右上にある番号が連番でなくても、中央下の頁番号が連番の場合は落丁ではありません。
　下記一覧表の●が付いている問題は絵がありません。

| | | | | | | | | | |
|---|---|---|---|---|---|---|---|---|---|
| 問題1 | 問題2 | 問題3 | 問題4 | 問題5 | 問題6 | 問題7 | 問題8 | 問題9 | 問題10 |
| | | | | | | | ● | | |
| 問題11 | 問題12 | 問題13 | 問題14 | 問題15 | 問題16 | 問題17 | 問題18 | 問題19 | 問題20 |
| | | | | | | | | | |
| 問題21 | 問題22 | 問題23 | 問題24 | 問題25 | 問題26 | 問題27 | 問題28 | 問題29 | 問題30 |
| ● | | | | | | | | ● | |
| 問題31 | 問題32 | 問題33 | 問題34 | 問題35 | 問題36 | 問題37 | 問題38 | 問題39 | 問題40 |
| | | | | | | | | | |

# ㊙ 先輩ママたちの声！

◆実際に受験をされた方からのアドバイスです。
ぜひ参考にしてください。

## 洗足学園小学校

・例年出題されていた「お話の記憶」「点図形」が出題されませんでした。過去の出題傾向にとらわれず、幅広く学習する必要があると思います。

・説明会で、２割程度新しい問題を出す、と言われた通り、過去問にはない問題が出されました。

・今年の入試は、月齢で午前と午後に区切って実施されました。

・試験が終わった後、待ち時間がありました。その時も学校にいるということを忘れず、本や折り紙などを持っていくなどして、静かに待てるようにしておいた方がよいと思います。

・受験者が多いので、試験直前にトイレが混雑していて、試験開始時まで席に戻れないお子さまが何人かいました。早めに余裕を持って試験会場に行くとよいと思います。

・面接では、願書に書いたアンケートを熟読した上での質問がなされます。説明会でも話がありましたがその通りでした。書いた内容をコピーしておく必要があります。

・ペーパーは、過去問や問題集などが一通りできるようになったら、時間を計って制限時間内に解く練習をした方がよいと思います。

・中学校受験についての考えを、面接で聞かれました。

・面接では、父親・母親のそれぞれが、学校説明会・入試説明会・運動会の、どれに参加したかについて質問されました。学校説明会では、実際に通っていらっしゃる児童さんのお話や、プリント・ノートなどを見せていただく機会もあったので、とても参考になりました。

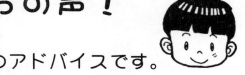

◎学習効果を上げるため、前掲の「家庭学習ガイド」及び「合格のためのアドバイス」をお読みになり、各校が実施する入試の出題傾向を、よく把握した上で問題に取り組んでください。
※冒頭の「本書ご使用方法」「ご使用にあたっての注意点」も併せてご覧ください。
※本校の考査では解答用紙が色紙になっており、紙の色でページの指定をします。訂正は//（斜め２重線）で行います。

## 2020年度の最新問題

### 問題１　分野：推理（思考）

観察　考え

〈準備〉　クーピーペン

〈問題〉　左の絵を見てください。管（クダ）に水を流します。管（クダ）が分かれると、水も半分に分かれて流れます。
右の絵を見てください。管（クダ）に水を流します。１番多く水をもらった動物に○、２番目に多くもらった動物に×を書きましょう。

〈時間〉　30秒

〈解答〉　○：ネコ　　×：クマ

［2020年度出題（男子）］

### 学習のポイント

推理の問題です。管が分かれるごとに、水の量が半分になります。上のコップからそれぞれの動物のコップまでの間に、何回分かれているかを数えて考えます。クマまでは管が２回、イヌとサルまでは管が３回分かれています。ネコのコップには、２回分かれた水量２つ分が入ります。ネコのコップには、クマのコップと同じ水量と、イヌとサルのコップの水量を足した水量が入りますから、１番多く水をもらえることになります。続いてクマが２番目に多い水を、その次にイヌとサルが、同量の水をもらいます。この問題のポイントは、管が分かれた回数によって水の量が半分になることと、ネコのコップだけが、２つの管に分かれていた水が混ざって入る、ということの２点です。自然現象や日常生活をきっかけに、水が分かれたり混ざったりするのを目にして考えられると、お子さまも実感として理解できます。飲みものを複数人で分けるような場合に教えることもできるでしょう。

【おすすめ問題集】
Ｊｒ・ウォッチャー 31「推理思考」、40「数を分ける」

**家庭学習のコツ①　「先輩ママのアドバイス」を読みましょう！**

本書冒頭の「先輩ママのアドバイス」には、実際に試験を経験された方の貴重なお話が掲載されています。対策学習への取り組み方だけでなく、試験場の雰囲気や会場での過ごし方、お子さまの健康管理、家庭学習の方法など、さまざまなことがらについてのアドバイスもあります。先輩ママの体験談、アドバイスに学び、ステップアップを図りましょう！

## 問題2　分野：言語

聞く　集中

〈準備〉　クーピーペン

〈問題〉　①左のお部屋を見てください。名前が同じ音（オト）で始まるもの同士を、線で結びましょう。問題は、声を出さずに、すべて解きましょう。
②右のお部屋を見てください。名前が同じ音（オト）で終わるもの同士を、線で結びましょう。問題は、声を出さずに、すべて解きましょう。

〈時間〉　各30秒

〈解答〉　左：門松と鏡餅、機関車とキク、ラッコとライオン、マスクとマッチ
右：ほうきとタヌキ、本とヤカン、けん玉とコマ、ちりとりとアリ

［2020年度出題（男子）］

### 学習のポイント

同じ音から始まる物をつなぐ頭音つなぎと、同じ音で終わる物をつなぐ尾音つなぎの問題です。言語の問題には、ふだんからの言葉遊びが有効です。同じ音から始まる言葉を探す「頭音集め」や、同じ音で終わる言葉を探す「尾音集め」をしてみましょう。手をたたきながら言葉の音数を数える「音数遊び」やしりとりも対策になります。本文に出てくる鏡餅や門松などの年中行事に関わる言葉や、けん玉やコマなどの昔の生活や遊びに根ざした言葉、機関車のような保護者世代も実体験を伴わない対象が、文化として出題されるのも小学校受験の特徴です。さまざまな機会を利用して、お子さまの語彙を増やしましょう。

【おすすめ問題集】
Ｊｒ・ウォッチャー 17「言葉の音遊び」、18「いろいろな言葉」、60「言葉の音（おん）」

## 問題3　分野：図形（重ね図形・対称）

観察　考え

〈準備〉　クーピーペン

〈問題〉　左の絵を見てください。透き通った紙に、線や形が書いてあります。この紙を真ん中の点線のところで、上から下へ半分に折ると、右のようになります。
お部屋を見てください。左の紙を折ると、どのようになりますか。右から選んで、正しいものに○を書きましょう。問題は３つあります。３つともやりましょう。

〈時間〉　各30秒

〈解答〉　下図参照

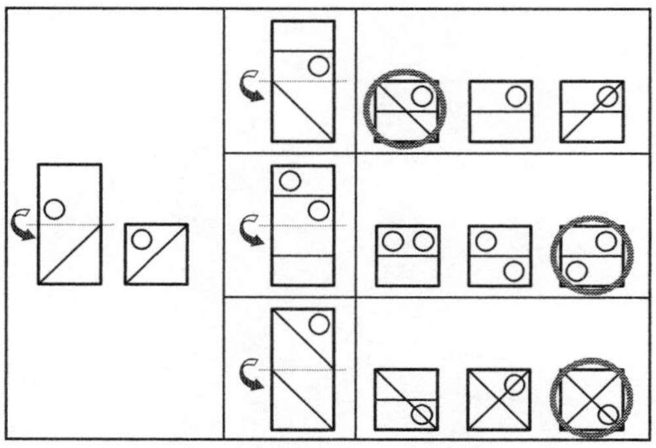

［2020年度出題（女子）］

## 学習のポイント

対称を複合した問題です。単純な、正位置で重なる図形と異なり、片方（この問題では上の図形）が反転して重なるのが特徴です。学習方法として、透明なシート（クリアファイルなどがおすすめです）に左の図形を書き写し、実際に折ってみて、位置や形がどのように変化するのかを確かめることが最も効果的です。最初は、混乱しないよう、対称の軸より上の部分は赤のペンで、下の部分は黒のペンで書き写すなどの工夫をすると、移動した部分とそうでない部分とが混同しません。その後、理解に応じて、上下とも黒いペンで記入する、シートは使わず、折りたたむ図形を書き込んで考える、などの段階を踏んで学習を進めましょう。本問では反転しても形が変わらない形（円）が出題されていますが、上下や左右が非対称な形が出題されることもあります。こうした問題の対策にも、透明シートを用いた学習方法により、対称の軸を基準とした形をイメージできるようになります。

【おすすめ問題集】

Ｊｒ・ウォッチャー８「対称」、35「重ね図形」、48「鏡図形」

## 問題4　分野：推理（思考）

観察　考え

〈準 備〉　クーピーペン

〈問 題〉　絵を見てください。同じ本を重ねて、ひもで結びました。結び目の長さは全部同じです。使ったひもが１番長い物に○、１番短い物に×を書きましょう。

〈時 間〉　15 秒

〈解 答〉　下図参照

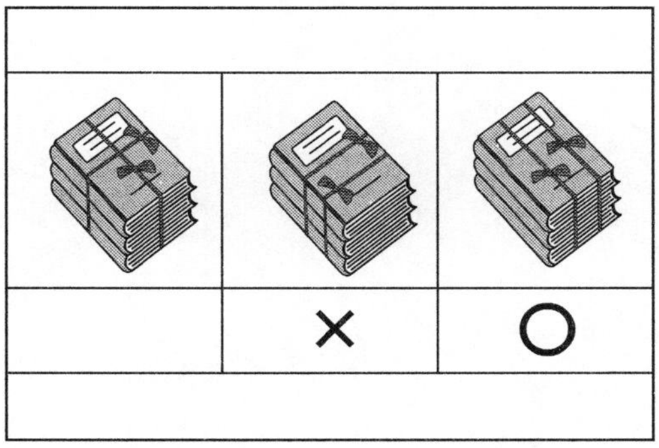


［2020 年度出題（女子）］

## 学習のポイント

ひもの長さを考える問題です。ひもの数はすべて２本なので、本の縦に１周したひもの長さが、横に１周したひもの長さよりも長いことさえわかれば、容易に答えられる問題です。左側は縦横１本ずつ、真ん中は横が２本、右側が縦２本なので、長さの順は右→左→真ん中となります。類題として、円筒や四角柱に巻きつけたひもの長さを答える問題などもあります。いずれも、実際に立体にひもを巻いてみるなど、具体物を用いて納得させると、しっかり理解できるようになります。

【おすすめ問題集】

Ｊｒ・ウォッチャー 15「比較」、31「推理思考」

## 問題5　分野：理科

観察　考え

〈準備〉　クーピーペン

〈問題〉　①左の絵を見てください。水の入ったコップの上に、氷が吊り下げられています。この氷が溶けると、コップの水の高さはどうなるでしょう。右の絵から選んで○をつけてください。
②左の絵を見てください。水の入ったコップを置いておいたら、コップの表面に水のつぶが付きました。このとき、コップの水の高さはどうなるでしょう。右の絵から選んで○をつけてください。

〈時間〉　30秒

〈解答〉　下図参照

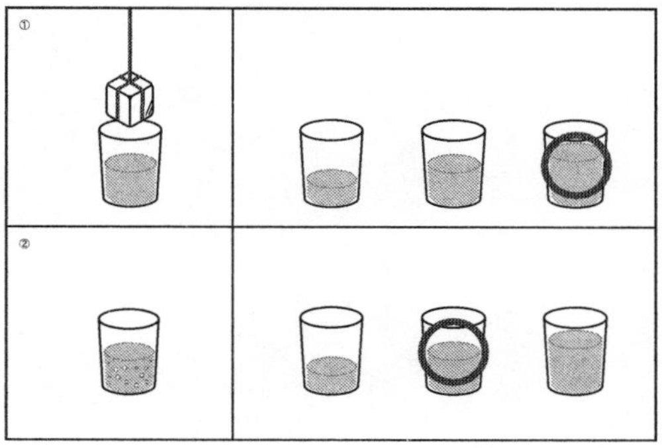


［2020年度出題（男女共通）］

### 学習のポイント

水の状態変化の問題です。氷が溶けると水になる、ということは、お子さまも知っていると思います。本問では、氷はコップの水に浮かんでいるのではなく、上から吊り下げられているので、氷が溶けた分の水はコップに注ぎ込まれ、コップの水位は上昇します。それとは別に、コップの水の中に氷が浮かんでいる場合、氷が溶けても水位は変わらない、ということも教えてあげてください。またコップ表面の結露の問題については、空気中の水分が冷やされて水滴になったものなので、コップの水量には関係がありません。当校では過去に化学分野の出題例はなく、2020年にはじめて出題されました。当校では昨年から、入試問題の２割～３割を、従来出題されなかったものに変えていく方針を示しています。今年度も同様の方針で出題されますので、過去問だけの学習では不充分だといえるでしょう。幅広いペーパー対策をしておくことと同時に、日常生活でのお子さまの疑問に対し、共に考え解決するという家庭教育のあり方を心掛けてください。

【おすすめ問題集】

Ｊｒ・ウォッチャー 27「理科」、55「理科②」

## 問題6　分野：制作（絵画）・巧緻性

考え　創造

〈準　備〉　クーピーペン（7色）、ひも（30cm程度）、画用紙
あらかじめ、問題6－1と6－2の絵を画用紙の表と裏にそれぞれ貼り付け、上下の丸印の部分に穴を開けておく。

〈問　題〉　この問題の絵は縦に使用してください。
（あらかじめ準備した道具を渡す）
①（6－1の絵を渡して）プレゼントが描かれた絵を書いてください。箱は水色で薄く、リボンはピンクで濃く塗ってください。
②（6－2の絵を渡して）プレゼントをもらったお友だちの顔を描いてください。描き終わったら、まわりにプレゼントの絵も描いてください。私が「やめ」と言うまで、いくつ描いてもよいです。
③プレゼントの絵が見えるように、真ん中で2つ折りにしてください。その後、穴にひもを通して、ちょうちょ結びをしてください。

〈時　間〉　①3分　②10分　③3分

〈解　答〉　省略

［2020年度出題（男女共通）］

### 学習のポイント

当校で例年出題されている、色を塗る、絵を描く、ひもを通す、結ぶという巧緻性の問題です。当校で特徴的なのは、色を塗る際に、濃淡を付ける指示があることです。クーピーペンで薄く塗るためには、筆圧を加減して、均一に塗らなければなりません。クーピーペンを紙に押し付けず、同じ方向に細かく手を動かして色を塗る、運筆の練習をしてみてください。クーピーペンをやや寝かせ気味にして、指先以外に力を入れずに塗るのがコツです。塗る場所を細かい部分に分けて塗ると、均一に塗ることができます。要領を掴むため、不要な紙を利用して、楽しみながら取り組んでください。濃く塗る時には、力加減だけで変化を付けるより、色ムラが出ないよう、何度か塗り重ねて仕上げるとよいでしょう。お友だちの顔やプレゼントを描く課題については、巧拙やスピードではなく、与えられた課題について、適切に描くことができるか、ということが問われているようです。ちょうちょ結びは、毎年出題されています。確実にできるよう、練習しておきましょう。慣れるまでは、色の違う2本のひもを使ったり、大きな結び目の練習をしたりして、保護者の方もお子さまも、根気よく取り組んでください。練習の際、保護者の方はお子さまの正面でなく、隣に座って教えると、同じ方向から結び目が見られます。

【おすすめ問題集】
　実践 ゆびさきトレーニング①②③
　Ｊｒ・ウォッチャー23「切る・貼る・塗る」、24「絵画」、25「生活巧緻性」

## 問題7　分野：運動

集中　聞く　協調

〈準 備〉　ビニールテープ、雑巾、フープ、お手玉、カゴ

〈問 題〉　**この問題は絵を参考にしてください。**

（この問題は10人程度のグループを作り、２グループが対戦する形式で行う）

①これからドンジャンケンをします。スタートしたら、雑巾がけをしながら次のテープまで進んでください。

②書かれた線のからはみ出ないように歩いてください。

③フープに合わせてケンケンパーで進んでください。

④お手玉の入ったカゴのところまで来たら、反対側のチームのお友だちとジャンケンをしてください。ジャンケンに勝った人は、カゴの中からお手玉を１つ取って、スタート地点に歩いて戻り、カゴの中にお手玉を入れてください。負けた人は何も持たずに歩いて戻ってください。アイコの時は、２人とも何も持たずに戻ってください。

⑤次のお友だちとタッチして交代してください。

⑥私（出題者）が「やめ」と言ったら、体育座り（三角座り）をしてください。進んでいる途中の人は、自分のチームの列に戻って体育座りをしてください。

〈時 間〉　15分

〈解 答〉　省略

［2020年度出題（男子）（女子）］

### 学習のポイント

屈伸・ジャンプなどの模倣体操の後に行われたサーキット運動と、ジャンケンの競技「ドンジャンケン」です。サーキット運動は、急ぎすぎず、１つひとつの動作をしっかり確実に行うことが重要です。サーキット運動の内容は、2020年度と2019年度は、クマ歩き（雑巾がけ）、ライン歩き、ケンケンパーの３つでした。行なう内容に若干の違いはありますが、観られているポイントは体幹の強さやバランス、下半身の力で、いずれも年齢相応の運動能力があれば心配ありません。また「ドンジャンケン」はグループでの競技形式で行われますが、勝敗にこだわりすぎて、姿勢や態度が疎かにならないよう、注意が必要です。また、同じグループのお友だちがジャンケンをしている間に、しっかり応援できているかどうかも重要な観点です。当校の運動テストでは、各課題の出来・不出来よりも、取り組む態度や、指示通りに行動できているかということの方が重視されているようです。

【おすすめ問題集】

新運動テスト問題集、Ｊｒ・ウォッチャー28「運動」

**家庭学習のコツ②　「家庭学習ガイド」はママの味方！**

問題演習を始める前に、試験の概要をまとめた「家庭学習ガイド（本書カラーページに掲載）」を読みましょう。「家庭学習ガイド」には、応募者数や試験課目の詳細のほか、学習を進める上で重要な情報が掲載されています。それらの情報で入試の傾向をつかみ、学習の方針を立ててから、対策学習を始めてください。

## 問題8　分野：面接（親子面接）

聞く　話す

〈準　備〉　なし

〈問　題〉　この問題の絵はありません。

【父親または男性保護者へ】
・当校を、どのようにして知りましたか。
・学校説明会や入試説明会、運動会に何回来ましたか（母親にも同様の質問）。
・そこで、どのような印象を持ちましたか。
・中学受験の経験はありますか。
・中学校受験について、どのようにお考えですか。
・その他、中学校受験に力を入れている私立小学校をご存知ですか。
・併願校はどこですか。
・第１志望はどの学校ですか。
・ふだんお子さまとどのように接していますか（母親にも同様の質問）。
・お子さまのよいところはどんなところですか（母親にも同様の質問）。

【母親または女性保護者へ】
・お仕事はしていますか。
・子育てのサポートをしてくれる人や相談相手はいますか。
・幼児教室や塾には行っていますか。

【志願者へ】
・お名前を教えてください。
・生年月日を教えてください。
・この学校の名前を知っていますか。→前にもこの学校に来たことがありますか。→この学校を、どんな学校だと思いますか。
・今日、学校へはどうやって来ましたか。
・お父さんとは、何をして遊びますか。→その遊びの、どういうところが好きですか。

〈時　間〉　約15分

〈解　答〉　省略

［2020年度出題（男子）（女子）］

### 学習のポイント

学校説明会や入試説明会、運動会への来校回数や、来校した際に抱いた印象について、男女の保護者と志願者に、それぞれ質問があります。これは、入学の意思を強く持っているかどうかについて、学校側が知りたがっているためと思われます。また、当校の特色である中学校受験について理解し、受験する意図があるのかどうかについても必ず聞かれます。面接官は２名で、先に保護者への質問があり、次に志願者の質問です。父親または男性保護者には、当校への理解があるかどうか、また中学受験までを見越して志望しているかどうかを中心に、また母親または女性保護者には、入学後にお子さまの学習や生活のサポートができるかどうか、ということを中心に質問がされます。お子さまには、後半約７～８分ほどが割かれます。質問の上に、質問が重ねられることもありますので、具体的に回答できる練習が必要です。質問数は多いものの、保護者の方に問われているのは「どれだけ本気で入学させたいか」「中学受験までサポートできるか」という２点です。どの学校の受験でも同じですが、家庭としての方針を具体的に伝えられる準備をしておきましょう。

【おすすめ問題集】

新 小学校受験の入試面接Ｑ＆Ａ、面接テスト問題集、面接最強マニュアル

## 問題9 分野：お話の記憶

聞く 集中

〈準備〉 鉛筆

〈問題〉 お話をよく聞いて、あとの質問に答えてください。

クマくん、トラくん、ヒツジくんは、広場でかけっこをしています。疲れてきたので一休みしている時に、「今度の日曜日何しようか」とトラくんがみんなに言いました。クマくんは「先週はトラくんの家に遊びに行ったから今度はどこにしよう」と言うと、ヒツジくんが「クマくんのお家がいい」と言いました。クマくんのお家に行くと、いつもクマくんのお母さんがハチミツたっぷりのホットケーキを焼いてくれるので、みんな楽しみにしています。クマくんのお家に遊びに行くことが決まったら、今度は遊びの相談です。トラくんはケン玉、ヒツジくんはトランプを持っていくことにしました。クマくんは、「お家には積み木や絵本もあるからいっぱい遊べるね」とうれしそうです。
お家の中で遊ぶものばかりを選んだ３人でしたが、本当に一番好きな遊びはなわとびです。ただ、日曜日の天気予報が雨だったので、相談してお家で遊ぶことにしたのでした。「やっぱりなわとびで遊びたかったな」とクマくんが言うと、「じゃあその次の日曜日になわとびしようよ」とトラくんが提案すると、みんなは大賛成です。
お話に夢中になっている間に、すっかり夕方になっていましました。もう少し遊びたかった３人でしたが、暗くなってきたのでみんなで一緒に帰ることにしました。

①クマくんのお母さんが作ってくれるおやつに○をつけてください。
②３人が１番好きな遊びに○をつけてください。
③トラくんが持っていくことにしたものに○をつけてください。

〈時間〉 各15秒

〈解答〉 ①右端（ホットケーキ） ②右から２番目（なわとび） ③左端（ケン玉）

［2019年度出題（女子）］

## 学習のポイント

2018 年度は地図を使ったお話の記憶、2019 年度は一般的なお話の記憶が出題されました。2017 年度は、2020 年度と同様に、お話の記憶が出題されませんでした。出題されるかどうかも含め、傾向は定められませんが、慌てないよう準備しましょう。当校のお話の記憶は、細かい部分や複雑な因果関係は問われないため、しっかりとお話を聞いていれば解答できる問題なので、はじめて取り組むというお子さまでも充分に対応可能です。確実に解けるようにしておいてください。お話が読まれるのは一度だけなので、読み聞かせなどを通じて、しっかりお話を聞く練習をしてください。最初は場面ごとにお話を区切ったり、問題を 1 つだけにしたりといった工夫をしながら、学習を進めましょう。

【おすすめ問題集】

1 話 5 分の読み聞かせお話集①②、お話の記憶 初級編・中級編・上級編

## 問題 10　分野：お話の記憶

聞く　集中

〈準 備〉　鉛筆

〈問 題〉　お話をよく聞いて、あとの質問に答えてください。

明日はみんなが楽しみにしている遠足の日です。サルくん、ウサギさん、ブタくんは、遠足に持っていく果物を買いに商店街にやってきました。すぐに果物屋さんがありました。その先には八百屋さん、お魚屋さん、お肉屋さんが続いています。
「何を買うか迷っちゃうな」とサルくんが言うと、「私はもう決まってるの」とウサギさんはリンゴを２つ手に取りました。「僕ももう決まってるんだ」とブタくんはブドウを２つ買うことに決めました。サルくんは何を買おうかずっと悩んでいます。「決めた」と言うとサルくんは、リンゴとバナナとミカンを１つずつ買うことにしました。
サルくんが何を買うか悩んでいる間に、ほかの２人はどこかに行ってしまいました。どこに行ったのだろうとサルくんが探していると、ウサギさんは八百屋さんの前に、ブタくんはお魚屋さんの前にいました。２人ともサルくんを待っていられなくなって、ほかのお店を見ていました。
お会計をして、仲良くお家に帰る途中、サルくんは買ったばかりのリンゴを食べ始めてしまいました。「それは遠足の時に食べるものでしょ」とウサギさんが言うと、サルくんは「だってお腹が空いちゃったんだもん」と恥ずかしそうに言い訳をしたのでした。

①サルくんが買ったものに○をつけてください。
②サルくんが探しに行った時、ブタくんがいた場所に○をつけてください。
③３人が買った果物は全部でいくつでしょうか。買った果物の数だけ四角の中に○を書いてください。

〈時 間〉　各 15 秒

〈解 答〉　下図参照

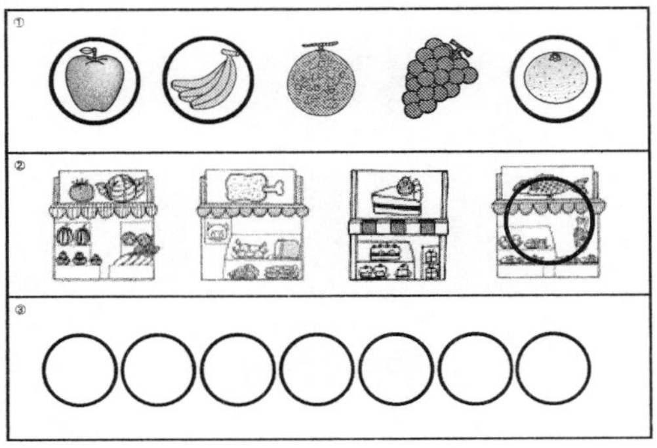

［2019 年度出題（男子）］

## 学習のポイント

お子さまが、お話の記憶が苦手で悩んでいる保護者の方もいらっしゃると思います。まず、お子さまが集中してお話を聞いているかどうか、お子さまの様子や反応を見てください。あきている様子が見られたら、お話を途中で区切っても構いません。その時点までの問題を出してみてください。お話を聞いている時間はほんの数分でも、お子さまにとっては長く感じる時間かもしれません。集中力がどのくらい続くのかを見極めた上で、苦手になっている原因を考えてみましょう。まずは「記憶する」ではなく「聞く」ことから始めて、場面や登場人物をイメージできるよう促しましょう。徐々に記憶することもでき、長いお話にも耳を傾けられるようになるはずです。

【おすすめ問題集】

1話5分の読み聞かせお話集①②、お話の記憶 初級編・中級編・上級編

## 問題11　分野：図形（鏡図形・座標）　観察 考え

〈準 備〉　鉛筆

〈問 題〉　左の絵をそれぞれの位置に置いた鏡で映した時、どのように見えるでしょうか。右から選んで○をつけてください。

〈時 間〉　各 20 秒

〈解 答〉　①右端　②左から２番目　③左端　④左から２番目

［2019 年度出題（女子）］

## 学習のポイント

鏡を横に置いた場合と、下に置いた場合との違いを、まず理解しておきましょう。鏡は物を反転して映すので、置く位置によって見え方が異なります。映す物の横に置いた場合は左右が、映すものの下（上）に置いた場合は上下が反転します。鏡の位置を軸に、映す物と鏡像は線対称になるということです。上下の反転は鏡ではなく、水面に映ったものとして出題されることもあります。実際に鏡を使い、さまざまな方向から物を映して、どう映るのかを見て理解するようにしてください。体験をして、発見をすることで、お子さまの理解と思考が深まるはずです。

【おすすめ問題集】

Ｊｒ・ウォッチャー２「座標」、48「鏡図形」

## 問題 12　分野：図形（四方からの観察）

観察　考え

〈準 備〉　鉛筆

〈問 題〉　箱の中に積み木が入っています。ネコさん、ゾウくん、ツバメさんが矢印の方向で積み木を見ると、左の四角の中の形に見えました。積み木はどのように積まれているでしょうか。右の四角の中の絵に○をつけてください。

〈時 間〉　各 30 秒

〈解 答〉　①左端　②右端　③右から２番目

[2019 年度出題（女子）]

## 学習のポイント

四方からの観察の問題ですが、2019 年度入試では、上方からの観察を加えた「五方からの観察」が出題されました。上方からの観察は、あまり見慣れた視点ではないので、少し戸惑いがあるかもしれません。受験者のアンケートにも「少し難しかった」という言葉がありました。しかし、考え方は一般的な積み木と同様です。「上から」ということを必要以上に深く考えず、取り組んでください。また本問では、立体を平面に置き換えるのではなく、今回は見えている平面の視点から、どんな立体なのかを推測する問題でした。奥行きを想像で補っていきながら、立体を考えることになります。このような問題にも対応できるよう、立体の問題には、実際に積み木を用いて観察しておくことをおすすめします。

【おすすめ問題集】

Ｊｒ・ウォッチャー 10「四方からの観察」、53「四方からの観察　積み木編」

## 問題13　分野：図形（回転）

観察　考え

〈準 備〉　鉛筆

〈問 題〉　左の四角の中の絵を回転させると、右の四角のどの絵になるでしょうか。選んで○をつけてください。

〈時 間〉　各20秒

〈解 答〉　①左から２番目　②右端　③右から２番目

［2019年度出題（男子）］

### 学習のポイント

回転の問題は、お子さまによって、得意・不得意が分かれます。頭の中で図形を操作できるかどうか、ということがカギですが、不慣れな場合には、手こずることもありえます。その場合は、視点を変えて解くためのヒントを与えてあげましょう。例えば本問の①では、線の先の記号に注目してください。○を中心に考えた時、右には△があり、□が線でつながっています。回転した時に同じ関連性を持っている記号は何かという観点から答えを導いてください。何度かこういった問題を解くうちに図形がイメージでき、頭の中で操作することができるようになってきます。

【おすすめ問題集】

Ｊｒ・ウォッチャー46「回転図形」

## 問題14　分野：数量（積み木）

観察　考え

〈準 備〉　鉛筆

〈問 題〉　白と黒の積み木が積まれています。白同士、黒同士は隣に並ぶことはありません。白の積み木はいくつあるでしょうか。白の積み木の数だけ、右の四角の枠の中に○を書いてください。

〈時 間〉　各30秒

〈解 答〉　下図参照

| | |
|---|---|
| ①  | ○○○ |
| ②  | ○○○○ |
| ③  | ○○○ |
| ④ 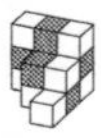 | ○○○○○○○○ |

［2019年度出題（女子）］

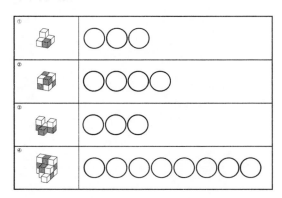

## 学習のポイント

同じ色同士が並ばない、白の積み木だけを数えるという条件が付けられているものの、基本的な、積み木を数える数量の問題といえるでしょう。ただし、見えない積み木を数える場合には、与えられた条件から積み木の色を推測しなければなりません。お子さまが難しいと感じている場合は、実際の積み木で見せてあげましょう。推測するのではなく、体験するのです。じゃまな積み木を動かして、推測していた色と実際の積み木の色が合っているかを確認しましょう。実際に手を動かすことで、頭の中でも作業できるようになります。そうすると、動かすことができない紙の上の積み木も、頭の中で動かせるようになります。

【おすすめ問題集】

Ｊｒ・ウォッチャー 16「積み木」、53「四方からの観察　積み木編」

## 問題15 分野：複合（たし算・迷路）

観察　考え

〈準 備〉　鉛筆

〈問 題〉　左にいるサルくんが、イチゴを拾いながら右のお家に帰りました。お家に着いた時に、サルくんはイチゴを７つ持っていました。サルくんが通った道に線を引いてください。

〈時 間〉　30 秒

〈解 答〉　下図参照

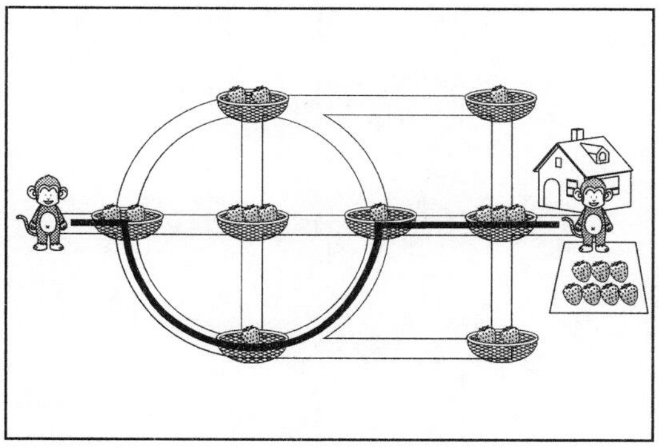

［2019 年度出題（男子）］

## 学習のポイント

イチゴを７つ集めるために、１つ・２つ・３つのイチゴを、どの組み合わせで集めるかというたし算の問題です。学習の際には、おはじきなどを使って実際に持っている数を増やしていきましょう。最初に７つのおはじきを持って、右から減らしながら解いていく方が、楽しめるかもしれません。保護者の方が、お子さまの解きやすい方法を見つけてあげてください。また、絶対に通る最初と最後のイチゴをたすと５つなので、残りは２つになります。こうしたひらめきが、お子さまのやる気につながることもあります。

【おすすめ問題集】

Ｊｒ・ウォッチャー７「迷路」、38「たし算・ひき算１」、39「たし算・ひき算２」

## 問題16　分野：推理（ブラックボックス）

観察　考え

〈準備〉　鉛筆

〈問題〉　この問題の絵は縦に使用してください。
1番上の段を見てください。記号が箱を通ると、それぞれ絵に描かれたお約束通りに変わります。では、それぞれの段の白い四角の中にはどの記号が入るでしょうか。四角の中に記号を書いてください。

〈時間〉　1分

〈解答〉　①○　②□　③×

［2019年度出題（男子）］

### 学習のポイント

今回出題されたブラックボックスの問題は、記号が変化するものでした。一般的なブラックボックスは、通ったものの数が増えたり減ったりするものなので、少しひねった問題といえるかもしれません。また、「△→○」や「○→□」というように、記号によって変化のパターンが違うので、より複雑になっています。数の場合はたし算・ひき算に置き換えることができますが、記号の場合にはそれができないので、それぞれ考えながら進めていかなければなりません。慣れれば頭の中で変換していくこともできますが、慣れないうちは、箱を通過するごとに記号を書き込んでいく方がよいでしょう。そうすることで、どこで間違えたかもわかりますし、ケアレスミスもしにくくなります。１つひとつ確認しながら進めていけば、確実に解ける問題です。まずはミスのないように心が心掛け、できるようになったら、速く解けるようステップアップしてください。

【おすすめ問題集】

Ｊｒ・ウォッチャー32「ブラックボックス」

**家庭学習のコツ③　効果的な学習方法～問題集を通読する**

過去問題集を始めるにあたり、いきなり問題に取り組んではいませんか？　それでは本書を有効活用しているとは言えません。まず、保護者の方が、すべてを一通り読み、当校の傾向、ポイント、問題のアドバイスを頭に入れてください。そうすることにより、保護者の方の指導力がアップします。また、日常生活のさまざまなことから、保護者の方自身が「作問」することができるようになっていきます。

## 問題 17　分野：言語（言葉の音）

語彙

〈準備〉　鉛筆

〈問題〉　上の絵と下の絵から最初と最後の音が、それぞれ同じものをそれぞれ選んで、点と点を線で結んでください。

〈時間〉　１分

〈解答〉　下図参照

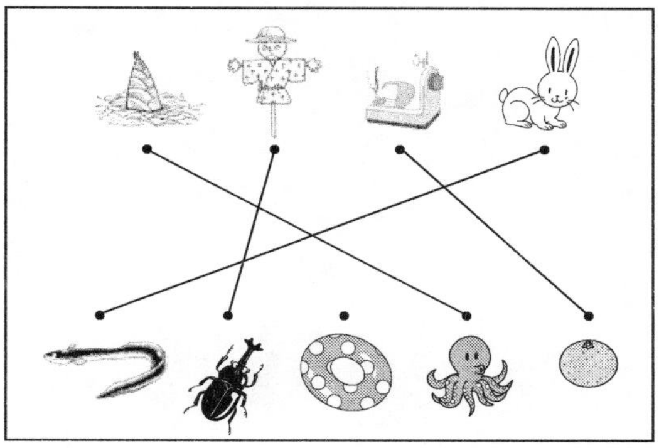

［2019 年度出題（女子）］

### 学習のポイント

まずは、名前の最初と最後の音が、それぞれ同じものという出題が、何を問われているのかを考えてしまうかもしれません。そうした場合には、まずは、最初の音が同じものを見つけることから始めて、次に最後の音が同じものを見つけ、最後に両方に当てはまるものを見つける、という段階を踏んで進めてみましょう。ほかの出題にも当てはまることですが、複数の要素が入っている問題では１つひとつ分けて考えるようにすることで理解しやすくなります。保護者の方とお子さまでは、経験も思考のプロセスも違います。特に言葉の問題は、文字を連想できる大人にとっては簡単ですが、お子さまにはそれができません。お子さまの視点に立って、どう見えているのか、どう考えているのかを共有してください。段階を踏むということは、決して遠回りではないので、着実に進んでいきましょう。

【おすすめ問題集】

Ｊｒ・ウォッチャー 17「言葉の音遊び」、18「いろいろな言葉」、60「言葉の音（おん）」

### 家庭学習のコツ④　効果的な学習方法～お子さまの今の実力を知る

１年分の問題を解き終えた後、「家庭学習ガイド」に掲載されているレーダーチャートを参考に、目標への到達度をはかってみましょう。また、あわせてお子さまの得意・不得意の見きわめも行ってください。苦手な分野の対策にあたっては、お子さまに無理をさせず、理解度に合わせて学習するとよいでしょう。

## 問題 18　分野：言語（言葉の音の数）　語彙

〈準備〉　鉛筆

〈問題〉　上の絵と下の絵から同じ音の数のものをそれぞれ選んで、点と点を線で結んでください。

〈時間〉　1分

〈解答〉　下図参照

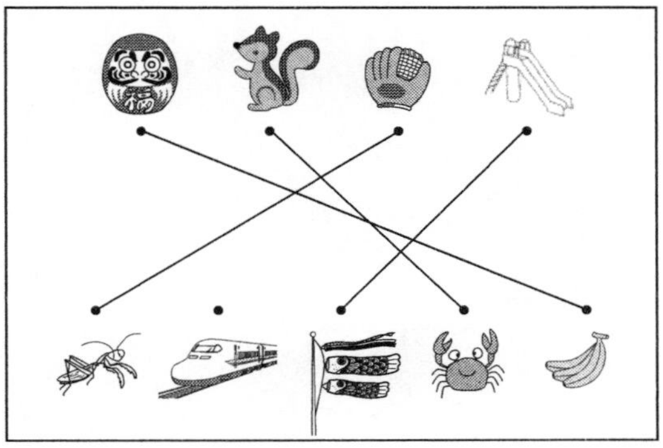

［2019年度出題（男子）］

### 学習のポイント

言葉の持つ音数の問題は、大人であれば、絵を見た時に文字を思い浮かべて、音の数を数えられます。お子さまの場合には、その絵が何かを考え、その言葉を音としてとらえ、音の数を数えるという段階を経なければなりません。お子さまに言葉を教える際に「ダ・ル・マ」「リ・ス」というように、手を叩きながら発音すると、音数を考えやすくなります。言葉の持つ意味は一見関係ないようですが、その絵が何なのかを理解していなければ、問題を解くことはできません。分野に特化した学習をするのではなく、意味や発音など、言葉のさまざまな要素を含めて、しっかりと覚えていってください。

【おすすめ問題集】

Ｊｒ・ウォッチャー 17「言葉の音遊び」、18「いろいろな言葉」、60「言葉の音（おん）」

## 問題 19　分野：常識（理科）　考え　知識

〈準備〉　鉛筆

〈問題〉　上の生き物は、何を食べるでしょうか。下から選んで、それぞれの点を線で結んでください。

〈時間〉　30秒

〈解答〉　下図参照

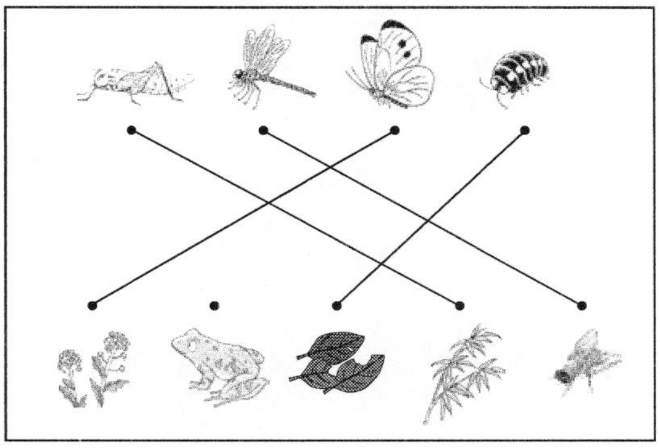

［2019年度出題（女子）］

## 学習のポイント

例年出題される理科の問題です。知っていなければ解けない、知識を問う出題となります。知るために学習するほかありませんが、学習の前に保護者の方が出題傾向をしっかり把握してください。当校では、今回のような「昆虫が何を食べるか」や「幼虫から成虫へどう変化するか」などの昆虫の生態に関する出題がよく見られます。ふだんの生活で自然に触れ合うことが望ましいですが、難しい場合は図鑑やインターネット等を活用して、学習に役立ててください。ただし、図鑑やインターネットはカラー写真で掲載されていますが、出題はほとんど白黒のイラストによるものです。その違いに戸惑わないようにするためには、問題集などで慣れさせるようにするとよいでしょう。

【おすすめ問題集】

Ｊｒ・ウォッチャー27「理科」、55「理科②」

## 問題20　分野：常識（マナー）

観察　公衆

〈準備〉　鉛筆

〈問題〉　絵の中でいけないことをしている人を探して、○をつけてください。

〈時間〉　各１分

〈解答〉　下図参照（左／問題20－１、右／20－２）

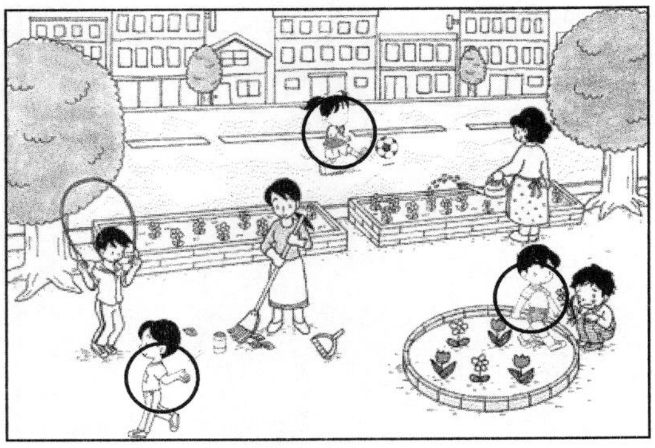

［2019年度出題（男子）（女子）］

## 学習のポイント

教室と公園という場面からの出題となりました。マナーの問題は、学習の範囲ではなく、生活の一部として取り組むべきことなので、あらたまって何かをする必要はないのかもしれません。ただし、お子さまは絵のような教室に馴染みがないかもしれませんし、2018年度の出題のように、図書館という場面が出題された場合、行ったことのないお子さまには、その場のルールを判断することが難しいかもしれません。お子さまなりの経験と想像力が大切になります。経験の中では、「なぜ」という問いかけをしてあげてください。なぜ、その行為が悪いのかということを、保護者の方が説明するのではなく、お子さまに説明させてください。「～だから悪い」という理由付けを言葉で伝えられるようにすることで、教えられた知識だけではない理解が深まります。そうすると、知らない場面でどのような行為がいけないのかを想像することもでき、マナーは取り組みやすい分野になってくるでしょう。

【おすすめ問題集】

Ｊｒ・ウォッチャー 56「マナーとルール」

## 問題21 分野：行動観察（集団制作）

観察 公衆

〈準 備〉　セロハンテープ、画用紙、折り紙、紙テープ、アルミホイル、モール

〈問 題〉　この問題の絵はありません。
（この問題は５人程度のグループで行う。グループで相談して、１人が準備されている袋を取りに行く）
袋の中に入っているものを使って、「この世にはない宝物の入った宝箱を作ってください」（男子）、「世界で一番すてきなプレゼントを作ってください」（女子）。時計の針が○○（９、10など指定の時間）のところにきたら、作るのをやめてください。

〈時 間〉　40分

〈解 答〉　省略

［2019年度出題（男子）（女子）］

## 学習のポイント

当校の集団制作は、抽象的なテーマが多いのが特徴です。実在するものや生き物であれば、単純な巧緻性の問題となりますが、「この世にはない～」「世界で１番すてきな～」となると、それをイメージして具体的な形にするという作業が必要になります。それだけでなく、ほかのお子さまと一緒に作らなければいけないので、イメージをみんなで共有しなければいけません。そのためには、イメージを言葉で伝えることが必要ですし、ほかのお子さまの意見を聞くということも大事なポイントです。実際に制作に取りかかるまでに、さまざまなことを観られていると考えておいてください。制作に関しては、塗る、折る、切る、貼るという基本的な巧緻性を備えていれば問題ないでしょう。

【おすすめ問題集】

実践 ゆびさきトレーニング①②③
Ｊｒ・ウォッチャー 23「切る・貼る・塗る」、29「行動観察」

## 問題22　分野：お話の記憶

聞く　集中

〈準備〉　鉛筆

〈問題〉　(問題22の絵を渡す)
これからお話をします。後で質問をしますから、よく聞いて覚えてください。

今日は待ちに待った遠足です。ゆうたくんとひかりちゃんは先生と一緒に動物園に行きました。動物園に入ると、最初にゾウがいました。ゾウのところを右に曲がって進むと、サルがいる山がありました。そこを左に曲がって進むと、ライオンのおりに着きました。ゆうたくんはライオンを見て、「格好いいなあ」と思いました。ライオンを見てから、ゆうたくんたちはパンダのおりの前にある広場に来ました。ゆうたくんたちは、そこにあった大きな時計の下で、先生やお友だちと一緒にお昼ごはんを食べました。ゆうたくんのお弁当はおにぎりで、ひかりちゃんのお弁当はサンドイッチでした。お昼ごはんを食べたあと、ゆうたくんたちはゴリラを見ました。その途中で、ひかりちゃんが「大変！さっきお昼ごはんを食べた広場に水筒を忘れちゃった！」と言いました。すると先生が、「それじゃあ、私と一緒に取りに戻りましょう」と言って、ひかりちゃんと一緒に広場へ戻りました。その間に、ゆうたくんたちは次の動物を見に行きました。ひかりちゃんたちが戻ってきたのは、ゆうたくんがペンギンを見ている時でした。ひかりちゃんが赤い水筒を大事そうに持っているのを見て、ゆうたくんはホッとしました。２人は先生と一緒に、すぐ側の出入口から動物園を出ました。

①２人が動物園に入ったのはどこですか。その出入口に○をつけてください。
②ゆうたくんが格好いいと思った動物はどれですか。絵の中から探して△をつけてください。
③ひかりちゃんはどこに水筒を忘れてしまいましたか。その場所に□をつけてください。
④２人が動物園から出たのはどこですか。その出入口に×をつけてください。

〈時間〉　各10秒

〈解答〉　下図参照

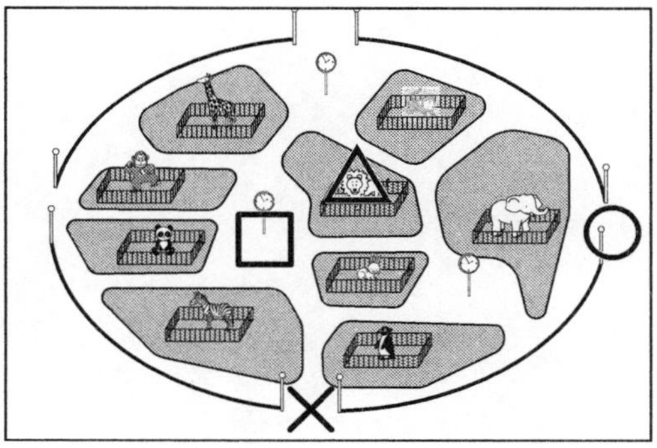

［2018年度出題（男子）］

## 学習のポイント

男子に出題された問題です。2017年度には出題されなったお話の記憶が、2018年度は再度出題されました。2020年度には、また出題されませんでしたが、対策の必要はあります。設問①④は、出入口に記号をつける問題です。登場人物が動物園に出入りした際、近くに何があったのかをヒントにすると解答できます。以前のお話の記憶の問題は、お話を聞いて、いくつかの選択肢の中から答えを選ぶという出題方法だったため、本問のように地図を使った出題方法に驚いた受験者も多かったのではないかと推察できます。テストで一度混乱してしまうと、そのあとも戸惑いを引きずってしまいます。回避するためには、お話を聞くときに落ち着いて問題に向き合い、設問に関するヒントを冷静に思い出してください。また、この問題は設問ごとに回答記号が違います。問題をしっかりと最後まで聞き、指定された解答記号で答えられているかも押さえておくべきポイントと言えるでしょう。この問題の厄介なところは、上記の2つに対応しなければならない点です。2つ以上のことに対応する問題では、しっかりと話の聞けるお子さまとそうでなお子さまとの差がはっきりします。ですから日ごろの読み聞かせの際も、その点を踏まえて行うとよいでしょう。お話の後の質問を、出てきたものを答えるもの、登場人物の気持ちを考えるものなど、観点を変えて練習してください。

【おすすめ問題集】
1話5分の読み聞かせお話集①②、お話の記憶 初級編・中級編・上級編

## 問題23 分野：図形（図形の構成）

観察 考え

〈準備〉 鉛筆

〈問題〉 左の絵を鏡に映した時、どのように見えますか。右から選んで○をつけてください。

〈時間〉 各20秒

〈解答〉 ①右から2番目 ②右端 ③左から2番目 ④左から2番目

［2018年度出題］

## 学習のポイント

鏡図形は小学校の入学試験ではオーソドックスな分野の1つです。この問題は斜め線の見え方を理解しているかどうかがポイントです。このような図形の問題を教える場合には、言葉だけで理解させることは難しいので、まずはお子さまの理解度を把握するために、どうしてその選択肢を選んだのかを説明させてください。そして、ほかの図形はどこがよくないのかも説明させることで、理解度がわかります。間違えている場合は、理解できていない箇所についてもわかると思います。その後で、間違えた箇所について、実際に鏡を用いながら説明するとよいでしょう。

【おすすめ問題集】
Ｊｒ・ウォッチャー48「鏡図形」

## 問題24　分野：常識（濃度）

考え　知識

〈準備〉　鉛筆

〈問題〉　それぞれ入っている水の量が違うコップに、同じ量の砂糖を入れます。水が1番甘くなるコップに○を、2番目に甘くないコップに△を書いてください。

〈時間〉　30秒

〈解答〉　○：左から2番目　△：左端

［2018年度出題（男子）］

### 学習のポイント

男子に出題された問題です。しっかりと問題を聞いていないと正解できない内容が含まれています。「2番目に甘くないもの」と聞かれているところを「2番目に甘いもの」と聞き違えていないでしょうか。聞き違えている場合には、正解・不正解にかかわらず、ほかの解答もチェックしてください。多くの問題で聞き間違えているようでしたら、解き方とは別に、よく聞く練習もしなければならないでしょう。間違えた内容によって対策が変わりますので、保護者の方はしっかりと把握してください。濃度の問題は小中学生でも苦手とする分野なので、言葉で説明しても理解は難しいと思います（水の量と物を入れたときの水の高さを問う問題も同様です）。ぜひ、ご家庭で実際に試してみることをおすすめします。水の量が少ないほど甘いことが理解できているのならば、この問題はコップの水の量を比べる、簡単な問題だということがわかります。

【おすすめ問題集】

Ｊｒ・ウォッチャー 15「比較」、27「理科」、55「理科②」、58「比較２」

## 問題25　分野：言語（言葉の音）

語彙

〈準備〉　鉛筆

〈問題〉　左の絵と名前の音の数が同じものを右から探して、○をつけてください。

〈時間〉　1分

〈解答〉　①右端（スズメ）　②左から2番目（ライオン）　③左端（バイオリン）
④右端（新幹線）

［2018年度出題］

## 学習のポイント

男子に出題された問題です。言葉の音を数える、比較的やさしい問題といえるでしょう。このような問題については、確実に解答できるようにしておきたいものです。当校のように、ペーパーテストの難易度が高い場合、取りこぼしが合否を分けることになりかねません。日ごろの学習の中で、早く解けた時は合図があるまで解答を見直す習慣を付けるようにしましょう。言葉の音の問題の学習は、単にペーパーの学習量を増やすやり方もありますが、身近にある物を指して、それと同じ音の数の名前を言わせるなど、ゲーム感覚で取り入れてみる方法もあります。言語の問題は、バリエーションを多く取り入れることで、飽きることなくバランスよく力を付けることが可能です。やり方を工夫すること（仲間集め、○音目が同じ音のものなど）で、楽しく継続することができます。同時に、最後までしっかりと聞くことも意識してください。そうすることで、ひねった出題にも対応する力を付けることができます。

【おすすめ問題集】

Ｊｒ・ウォッチャー 17「言葉の音遊び」、18「いろいろな言葉」、60「言葉の音（おん）」

## 問題26 分野：常識（理科）

知識

〈準備〉　鉛筆

〈問題〉　それぞれの段で１つだけ季節が違うものがあります。その絵に○をつけてください。

〈時間〉　各20秒

〈解答〉　①右端（チューリップ）　②左から２番目（スイカ）　③右から２番目（ミノムシ）　④左端（七五三）

［2018年度出題（男女共通）］

## 学習のポイント

男女共通で出題された問題です。この問題を解くためには、描かれた絵の季節を把握していることが条件となります。当校の常識問題は例年、自然に関する内容、行事に関する内容など、幅広い部分から問われています。その点から当校を志望するお子さまは、幅広い知識を持ち、それらを仲間分けしたりして活用できる思考力が求められます。
また、答え合わせが終わったら、解答となったものと同じ季節のものはほかに何があるのかを聞いてみましょう。こうした日常生活に関する知識を身に付けるときは、興味・関心がある時に行うことが有効です。保護者の方は、興味・関心を持たせるための仕掛けを用意して、お子さまの力を伸ばすポイントを作ってください。

【おすすめ問題集】

Ｊｒ・ウォッチャー 27「理科」、55「理科②」

## 問題27　分野：常識（マナー）

観察　公衆

〈準備〉　鉛筆

〈問題〉　絵の中でいけないことをしている人を探して、○をつけてください。

〈時間〉　１分

〈解答〉　下図参照

［2018年度出題（男女共通）］

### 学習のポイント

男女共通で出題された問題です。図書館に行ったことがあるお子さまは、実際に注意されたことがあり、簡単だと感じたかもしれません。このような常識問題は、経験が影響する代表的な分野といえるでしょう。マナーは、言葉で説明しても、なかなか身に付きませんし、その場所に行っただけで知識が身に付くわけではありません。何がよくて何が悪いのかを言葉で教えるだけでなく、どうしてそれがいけないのかという理由も、いっしょに教えることをおすすめします。その知識は、マナーの問題だけでなく、行動観察での力にもつながっていきます。また、経験したことのない場面でのマナーについても「どうして」という理由付けの観点から判断を導いていくことが可能になります。逆に、言葉による説明に偏重した学習を積み重ねていくと、指導されたことしか身に付けることができず、臨機応変な対応が難しくなります。このような問題では、あらかじめ決められたことが問われるわけではありません。その点を理解して、知識に幅を持たせられるような対策をとるようにしましょう。

【おすすめ問題集】

Ｊｒ・ウォッチャー56「マナーとルール」

## 問題28　分野：図形（四方からの観察）

観察　考え

〈準備〉　鉛筆

〈問題〉　上の段を見てください。男の子と女の子には、机の上の積み木はどのように見えているでしょうか。下の段から探して、男の子から見えている積み木には○を、女の子から見えている積み木には△をつけてください。

〈時間〉　30秒

〈解答〉　○：右端　△：左から２番目

［2018年度出題（男女共通）］

### 学習のポイント

男女共通で出題された問題です。このような空間認識能力を必要とする問題は、得意・不得意がみられる分野の１つでもあります。まず、見る方向によって、左右が変わることを理解しているかをチェックしてください。この時点で考え込んでしまう場合には、積み木を机の上に積み、実際に自分が視点を変えて、四方から積み木を観察させましょう。その後、反対側から見た時に積み木がどのように見えたかを質問します。この時、正解を焦るのではなく、お子さまの発見を引き出すようにして取り組むと効果的です。このようにして具体物で考え方を身に付けた後にペーパーに移行すると、理解が深まります。図形分野は、問題を解くポイントが理解できれば、試験直前でも力を伸ばすことが可能です。図形分野のように論理的な思考を要する分野は、解答を導き出す筋道をしっかり身に付けることが、量の勉強以上に効果的です。問題をよく見て考えることを意識して取り組むようにしてください。

【おすすめ問題集】

Ｊｒ・ウォッチャー 10「四方からの観察」、53「四方からの観察　積み木編」

## 問題29　分野：行動観察（集団制作）

考え　創造

〈準備〉　段ボール、ガムテープ、アルミホイル、紙コップ、のり
画用紙（白のＡ３サイズを１枚、６色程度のＡ４サイズをそれぞれ１枚用意）

〈問題〉　この問題の絵はありません。
（この問題は４人程度のグループで行う。あらかじめ準備した材料を渡す）
これから皆さんには、「こどもの国に行くための乗り物」を作ってもらいます。渡した材料を使って乗り物の絵を作り、大きな画用紙に貼りつけてください。何を作るかは、同じグループのお友だちと話し合って決めてください。

〈時間〉　40分

〈解答〉　省略

［2018年度出題（男子）］

## 学習のポイント

男子に出題された問題です。グループで何を作るかを話し合い、協力して絵画を作成します。テーマは「こどもの国に行くための乗り物」ですから、飛行機や船など現実的な乗り物に限らず、魔法のじゅうたんやＵＦＯなどでも構いません。しかし、作りたいものがあったとしても、ほかのお友だちが納得しなければ、単なるわがままになってしまいますから、グループの中で何を作るか意見を出し合い、話し合わなければなりません。これらの理由から、本問は、ほかのお友だちと話し合う力が観点になっていると考えられます。日常生活において、他者の意見を受け入れること、他人と協力して取り組むことなどを意識するようにしてください。

【おすすめ問題集】
実践 ゆびさきトレーニング①②③
Ｊｒ・ウォッチャー 23「切る・貼る・塗る」、29「行動観察」

## 問題30 分野：お話の記憶

聞く　集中

〈準備〉 鉛筆

〈問題〉 (問題 30 の絵を渡す)
これからお話をします。後で質問をしますから、よく聞いて覚えてください。

クマさん、ウサギさん、タヌキさん、キツネさんの４匹は、宝の地図を見付けました。４匹は早速、地図を見ながら宝を取りに行きました。クマさんは道をまっすぐ進んで、２番目の角を右に曲がり、そのまままっすぐ進みました。ウサギさんは最初の角を右に曲がり、そこから２つ先の角を左に曲がり、そこから２つ先の角を右に曲がりました。タヌキさんはまっすぐ進んで、３番目の角を左に曲がり、そのまままっすぐ進みました。キツネさんは最初の角を左に曲がって、次の角を右に曲がり、そのまままっすぐ進みました。

①ウサギさんが見つけた宝に○をつけてください。
②キツネさんが見つけた宝に□をつけてください。
③宝を見つけられなかった動物はどれですか。その動物に△をつけてください。
④誰も見つけていない宝に×をつけてください。

〈時間〉 各 10 秒

〈解答〉 下図参照

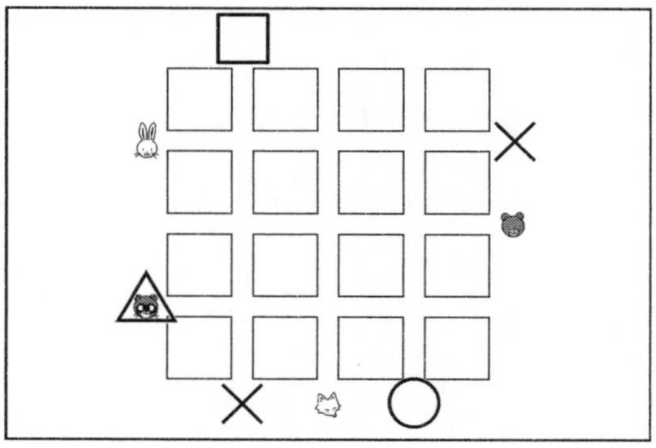

[2018 年度出題（女子）]

## 学習のポイント

女子に出題された問題です。単なるお話の記憶ではなく、動物が移動していくところが問題を複雑にしています。まっすぐに進んでいる場合は見たままの方向を把握できますが、左右どちらかに曲がると、左右は動物の進行方向によって変化します。そこをイメージできるかどうかが、この問題を解くポイントとなります。このような問題では、話をしっかりと聞く力や、記憶力の差がはっきりします。この問題ができなかったお子さまについては、記憶力によるものなのか、移動の左右が混乱することなのかを、保護者の方がしっかりと把握しなければなりません。記憶に関しては、どこまで記憶できているのか、記憶できる長さを把握し、その内容より少し長めの絵本の読み聞かせをしましょう。読み聞かせる本は、この問題のように、少しひねりのある内容のものがおすすめです。移動に関しての学習は、実際に自分が動き、向きが変わると左右が変化することを体験させてください。イメージがしやすくなるはずです。

【おすすめ問題集】

1話5分の読み聞かせお話集①②、お話の記憶 初級編・中級編・上級編

## 問題31 分野：図形（図形の構成）

観察 考え

〈準備〉 鉛筆

〈問題〉 上の段を見てください。この三角形をすべて組み合わせるとできる形を選んで○をつけてください。

〈時間〉 2分

〈解答〉 下段中央

[2018年度出題（女子）]

## 学習のポイント

女子に出題された問題です。この問題の複雑な点は、大中小3種類の同じ形で図形を作ることです。それぞれの図形が違えばその形の特徴を見ることで選択肢を減らすことができますが、本問はすべて三角形なので形の特徴はヒントになりません。ここでは、図形の大きさで分け、それぞれの大きさごとに数を比べていく方が良いでしょう。難しい問題なので、できなかった場合、問題の形を切り抜き、選択肢に当てはめて確認をしてください。図形の問題に取り組むためには、柔軟な思考力で試行錯誤することが求められます。これがだめなら、次はこれ、といったように根気よく取り組める力が必要です。苦手なお子さまには、この問題のように同じ形で大きさの違うピースを使用して、さまざまな形を作る練習をさせるのがよいでしょう。また、三角形を複数合わせると、別の形を作ることができる、ということも把握しておくとよいと思います。

【おすすめ問題集】

Ｊｒ・ウォッチャー３「パズル」、54「図形の構成」

## 問題32　分野：推理（比較）

考え　知識

〈準　備〉　鉛筆

〈問　題〉　上の段を見てください。それぞれの果物の絵の列ごとに、お友だちがグループになっています。これから、グループごとに下の段にあるシートに座ります。シートに座るには、上の段の全員がぴったり入れる広さが必要です。

①リンゴのグループの人たちが座れるシートはどこですか。選んで○をつけてください。
②イチゴのグループの人たちが座れるシートはどこですか。選んで△をつけてください。
③ブドウのグループの人たちが座れるシートはどこですか。選んで□をつけてください。

〈時　間〉　1分

〈解　答〉　下図参照

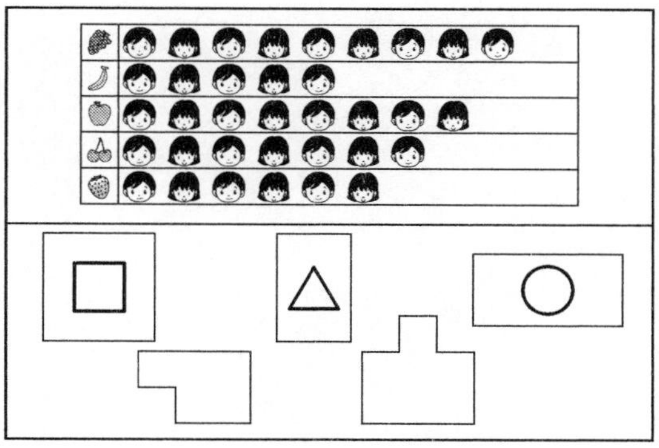

［2018年度出題（女子）］

### 学習のポイント

女子に出題された問題です。質問をよく聞かないと、何を答えればよいかを理解することも難しいかもしれません。質問をしっかり聞いていれば、グループごとに座れるシートを選ぶという問題なので、上の段の顔が収まる四角を選ぶ問題であることがわかります。そのままでは考えづらいので、左の果物と同じように、お友だちの間に縦線を引いて、四角いマスを作って考えてみると、わかりやすいでしょう。次に、同じぐらいの大きさのマスを下の段の四角に書き込み、いくつ書けるかを数えてください。最後に、それぞれのグループのマスの数と、下の段の四角のマスの数を比べれば、グループが座れるシートがわかります。こういった考え方ができるようにするには、パズルなどで練習するとともに、パズルのピースがどこに収まるか、ピースを動かさずに考えてみるなどの練習をしていくのがよいでしょう。

【おすすめ問題集】

Ｊｒ・ウォッチャー31「推理思考」

## 問題33　分野：言語（言葉の音）　観察

〈準備〉　鉛筆

〈問題〉　①左側を見てください。四角の中の「ネコ」から、できるだけ長くしりとりをつなげるとどうなりますか。それぞれの絵を線でつないでください。
②右側を見てください。四角の中の「ネコ」から、できるだけ長くしりとりをつなげた時、使わないものに×をつけてください。

〈時間〉　各30秒

〈解答〉　下図参照

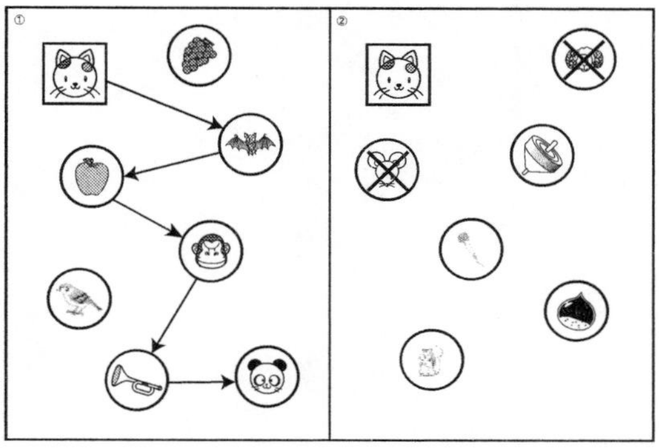

［2018年度出題（女子）］

### 学習のポイント

女子に出題された問題です。できるだけ長くしりとりを、という指示が出ていますが、問題を解いた後に見直しはしたでしょうか。このような問題の場合、解答の見直しが特に重要です。最初はこれでいい、と思っていても、もっと長くつながるものが見つかるかもしれません。この問題に限らず、制限時間をフルに使い切ることは重要です。家庭学習をする場合でも、解答できたらすぐに次の問題、とするのではなく、「やめ」と言うまで見直すよう、お子さまにアドバイスすることをおすすめします。見直しの際は、「見直しをしなさい」と指示するのではなく、「本当にこれでいいの？」「本当にほかにはない？　大丈夫？」などと言葉をかけてみましょう。見直したことで正答が出たときは、正答を見付けたことだけではなく、見直したことを特に褒めてあげると、お子さまも自発的に見直しをするようになるでしょう。また、解答の際、きちんと絵と絵を結べているでしょうか。その点もチェックしましょう。

【おすすめ問題集】

Ｊｒ・ウォッチャー17「言葉の音遊び」、49「しりとり」、60「言葉の音（おん）」

## 問題34　分野：行動観察（集団制作）

観察　公衆

〈準備〉　セロハンテープ、画用紙、折り紙、紙テープ

〈問題〉　（この問題は４人程度のグループで行う。あらかじめ準備した道具と問題34の絵を渡す）
これから皆さんには、世界で１匹だけの魚を作ってもらいます。折り紙や紙テープを手でちぎって、今渡した魚の絵の上に自由に貼り付けてください。

〈時間〉　40分

〈解答〉　省略

［2018年度出題（女子）］

### 学習のポイント

女子に出題された集団制作の問題です。初めて会ったお友だちと共同して作業をするだけでも、お子さまにとっては難しいことだと思います。本問は「世界で１匹だけの魚」がテーマですが、このような抽象的なテーマが出された時にイメージする内容は、お子さまによって異なります。制作時間も考慮すると、お友だちとの話し合いは非常に重要となります。本問のでき映えを左右するのは、最初にどれだけ作るもののイメージを共有できたかに大きく左右されるでしょう。ですから、コミュニケーション能力も大きく観られているといえます。実作業で必要になる巧緻性の力は急には伸びませんから、どのような作業を行うかを分析し、ふだんから繰り返し練習するようにしてください。

【おすすめ問題集】
　実践 ゆびさきトレーニング①②③、
　Ｊｒ・ウォッチャー23「切る・貼る・塗る」、29「行動観察」

## 問題35　分野：図形（パズル）

観察　考え

〈準備〉　鉛筆

〈問題〉　右側の絵を組み合わせて左側の絵を作ると、絵が１つ余ります。その絵に○をつけてください。

〈時間〉　各10秒

〈解答〉　①右から２番目　②右端　③左から２番目

［2017年度出題］

## 学習のポイント

パズルの問題に素早く回答するには、ふだんからパズルや絵合わせなどの問題に慣れ親しんでおくことが必要です。パズルはお子さまが楽しく取り組めるものですから、学習の合間の息抜きとする方が、お子さまも肩の力を抜いて取り組めるでしょう。パズルを解くのが好きなお子さまなら、学習の後のお楽しみとしてパズルを準備しておけば、苦手な分野にも意欲的に取り組んでくれることでしょう。答え合わせをする際は、コピーした問題用紙の絵を切り取り、実際に組み合わせる様子をお子さまに見せてください。解答と同じ形になることと、絵が１つ余ることがわかりやすくなります。また、お子さま自身がハサミで問題の絵を切り、解答と同じ形を作ってみることも理解の助けになります。絵を組み合わせることと、組み合わせを自分で作り出すことの両面から問題を見ることによって、絵がどのような形で作られているのか、より深く考えられます。

【おすすめ問題集】
　Ｊｒ・ウォッチャー３「パズル」、45「図形分割」、54「図形の構成」

## 問題36　分野：図形（回転図形）

観察　考え

〈準　備〉　鉛筆

〈問　題〉　左側の絵を回転させると、右側のどの絵になりますか。選んで○をつけてください。

〈時　間〉　各15秒

〈解　答〉　①右端　②左から２番目　③左端　④右から２番目

［2017年度出題］

## 学習のポイント

回転図形は、小学校受験では頻出の分野です。出題方法はさまざまで、この問題のようにマス目に書かれた記号が使われる場合もあれば、動物や植物が描かれたイラストが使われる場合もあります。重要なのは、元の絵がどれだけ回転したのかを見極めることと、回転した絵に間違っているところはないかを確かめることです。この問題は絵がどれだけ回転したのか、お子さま自身が考える必要があります。記号の向きがヒントになりますから、それを元に練習していきましょう。絵がどれだけ回転したのかがわかったら、今度はどの絵が正しいのかを考えます。問題の絵は回転させられないので、頭の中で絵を操作しなくてはいけません。こうした問題に慣れるには、クリアファイルを使った練習方法をおすすめします。問題の絵をクリアファイルに書き写し、答え合わせの際、解答の絵に重ねて回転させると、動きが一目でわかります。頭の中で図形を回転させるコツをつかめるまでは、このように考え方を視覚化してお子さまに見せてください。

【おすすめ問題集】
　Ｊｒ・ウォッチャー46「回転図形」

## 問題37　分野：常識（仲間探し）

観察　公衆

〈準備〉　鉛筆

〈問題〉　①上の段を見てください。違う季節に咲く花が１つだけあります。選んで○をつけてください。
②真ん中の段を見てください。卵から生まれた時と、成長した後の姿が違うものを選んで○をつけてください。
③下の段を見てください。主に食べる部分が土の中に埋まっていないものを選んで○をつけてください。

〈時間〉　各15秒

〈解答〉　①左から２番目（ヒマワリ・ほかは秋）　②右端（カブトムシ）
③右から２番目（キュウリ）

［2017年度出題］

### 学習のポイント

当校ではよく出題される、理科的知識で仲間探しをする問題です。物の名前を知っているだけでなく、植物ならどの季節に咲くものか、動物なら成長の様子はどうかといった特徴を知っていなければ解答できません。知るためには好奇心が必要ですが、その好奇心をすぐに満たせる環境も必要です。お子さまが知りたい時にすぐに調べられるよう、図鑑やインターネット環境などを準備しておいてください。また、動物園や植物園などに家族で出かけて、実物を目にすると、お子さまの好奇心は一層高まります。その後にグループ分けの練習をすると、知識が深く定着します。

【おすすめ問題集】
Ｊｒ・ウォッチャー27「理科」、55「理科②」

## 問題38　分野：常識（マナー）

観察　公衆

〈準備〉　鉛筆

〈問題〉　よくないことをしている人を絵の中から見つけて、○をつけてください。

〈時間〉　１分

〈解答〉　下図参照

［2017年度出題］

## 学習のポイント

公共の場でしてよいことといけないことの区別をつけるためには、場に応じてマナーを教える必要がありますが、伝え方には注意が必要です。してはいけないことをしてしまった時でも、頭ごなしに叱りつけてはいけません。知らないマナーは守れませんし、お子さまにもマナーを守らなかった理由があるかもしれません。まずはマナーの悪いことをすると、周りの人がどんな気持ちになるか考えさせて、それから、マナーを守るように言い聞かせましょう。一度や二度では覚えられないこともあるかもしれませんが、根気よく何度も言い聞かせることが必要です。言葉で教えるだけでなく、保護者がお子さまに行動と態度でマナーを示すようにしてください。お子さまは保護者の行動を、保護者が考える以上に見ています。日ごろのご自身の振る舞いを振り返って、悪いと思ったところは改めていってください。

【おすすめ問題集】

Ｊｒ・ウォッチャー 56「マナーとルール」

## 問題39　分野：推理（比較）

考え　観察

〈準備〉　鉛筆

〈問題〉　丸めたロープがいくつか置いてあります。この中で、ロープが１番長いものに○を、２番目に短いものに×をつけてください。

〈時間〉　15秒

〈解答〉　○：左下　×：右下

［2017年度出題］

## 学習のポイント

この問題のように、物の長さなどを推測するような場面は、日常生活の中でもよくあることだと思います。こうした長さの比較は、生活体験を積み重ねていけばそれほど悩むことなく、一目でわかるようになるでしょう。わからないようであれば、実物を用意して比較してみましょう。問題と同じようにロープやテープを丸めて出題し、答え合わせの際にそのロープを解いて真っすぐにすると、それぞれの長さがどれぐらいかは一目でわかります。小学校受験で扱われるものの比較には、長さのほかにもシーソーを使った重さの比較、砂糖を溶かした水を使った濃度の比較、階段などを使った高さの比較などがあります。何を基準にして、どれを比べて判断すればいいのかという考え方を身に付けましょう。

【おすすめ問題集】

Ｊｒ・ウォッチャー 15「比較」、58「比較②」

## 問題40　分野：複合（対称・系列）

考え　観察

〈準備〉　鉛筆

〈問題〉　上の段を見てください。絵のように、表にリンゴの絵が、裏にミカンの絵が描かれたカードがあります。では、真ん中の段の左側を見てください。マス目にそってカードを本をめくるように動かしていくと、二重の四角のマスに来た時、どのような絵が見えますか。下の段から選んで○をつけてください。できたら、右側の絵も同じようにやってください。

〈時間〉　各30秒

〈解答〉　①右端　②左から２番目

［2017年度出題］

### 学習のポイント

カードの動かし方が複雑なので、最初から頭の中で考えるのは難しいでしょう。はじめのうちは、問題と同じようなカードを作って、どのように動かすのかを確かめることから始めましょう。カードが動いた時に、見える絵柄がどのように変化していくのか、筋道立てて考えることが、この問題のポイントです。カードがマス目を左右に動いた時は、表裏は変化しますが、絵の上下は変わりません。しかし、上下に動いた時は、絵の表裏と上下が同時に変わります。このことを意識してカードを目的地まで動かさなくてはいけないので、見た目以上に複雑な問題だと言えます。まずは実物でカードの状態の変化を理解し、それからペーパーの問題に挑戦するようにしてください。類題として、カードではなくサイコロを使った問題もあります。

【おすすめ問題集】

Ｊｒ・ウォッチャー６「系列」、８「対称」

**洗足学園小学校　専用注文書**

年　　月　　日

# 合格のための問題集ベスト・セレクション

## ＊入試頻出分野ベスト３

**1st　図　形**
観察力　思考力

**2nd　言　語**
語彙力　知　識

**3rd　常　識**
知　識　考える力　公　衆

例年、幅広い分野から出題されるので、しっかりとしたペーパーテストの準備が必要になります。幅広さだけでなく難しさもあるので、質・量ともに高いレベルでの学習が求められます。

| 分野 | 書　名 | 価格(税抜) | 注文 | 分野 | 書　名 | 価格(税抜) | 注文 |
|---|---|---|---|---|---|---|---|
| 図形 | Ｊｒ・ウォッチャー２「座標」 | 1,500円 | 冊 | 数量 | Ｊｒ・ウォッチャー38「たし算・ひき算１」 | 1,500円 | 冊 |
| 図形 | Ｊｒ・ウォッチャー７「迷路」 | 1,500円 | 冊 | 数量 | Ｊｒ・ウォッチャー39「たし算・ひき算２」 | 1,500円 | 冊 |
| 図形 | Ｊｒ・ウォッチャー10「四方からの観察」 | 1,500円 | 冊 | 図形 | Ｊｒ・ウォッチャー46「回転図形」 | 1,500円 | 冊 |
| 数量 | Ｊｒ・ウォッチャー14「数える」 | 1,500円 | 冊 | 図形 | Ｊｒ・ウォッチャー48「鏡図形」 | 1,500円 | 冊 |
| 数量 | Ｊｒ・ウォッチャー16「積み木」 | 1,500円 | 冊 | 図形 | Ｊｒ・ウォッチャー53「四方からの観察 積み木編」 | 1,500円 | 冊 |
| 言語 | Ｊｒ・ウォッチャー17「言葉の音遊び」 | 1,500円 | 冊 | 図形 | Ｊｒ・ウォッチャー54「図形の構成」 | 1,500円 | 冊 |
| 言語 | Ｊｒ・ウォッチャー18「いろいろな言葉」 | 1,500円 | 冊 | 常識 | Ｊｒ・ウォッチャー55「理科②」 | 1,500円 | 冊 |
| 巧緻性 | Ｊｒ・ウォッチャー23「切る・貼る・塗る」 | 1,500円 | 冊 | 常識 | Ｊｒ・ウォッチャー56「マナーとルール」 | 1,500円 | 冊 |
| 巧緻性 | Ｊｒ・ウォッチャー24「絵画」 | 1,500円 | 冊 | 言語 | Ｊｒ・ウォッチャー60「言葉の音（おん）」 | 1,500円 | 冊 |
| 知識 | Ｊｒ・ウォッチャー27「理科」 | 1,500円 | 冊 | | 実践 ゆびさきトレーニング①②③ | 2,500円 | 各　冊 |
| 観察 | Ｊｒ・ウォッチャー28「運動」 | 1,500円 | 冊 | | 面接テスト問題集 | 2,000円 | 冊 |
| 観察 | Ｊｒ・ウォッチャー29「行動観察」 | 1,500円 | 冊 | | １話５分の読み聞かせお話集①② | 1,800円 | 各　冊 |
| 推理 | Ｊｒ・ウォッチャー32「ブラックボックス」 | 1,500円 | 冊 | | お話の記憶 初級編 | 2,600円 | |
| 常識 | Ｊｒ・ウォッチャー34「季節」 | 1,500円 | 冊 | | お話の記憶 中級編・上級編 | 2,000円 | 各　冊 |

| 合計 | 冊 | 円 |
|---|---|---|

| | |
|---|---|
| （フリガナ）<br>氏　名 | 電　話<br>ＦＡＸ<br>E-mail |
| 住 所　〒　　　－ | 以前にご注文されたことはございますか。<br>有　・　無 |

★お近くの書店、または記載の電話・FAX・ホームページにてご注文をお受けしております。
電話：03-5261-8951　FAX：03-5261-8953　代金は書籍合計金額＋送料がかかります。
※なお、落丁・乱丁以外の理由による商品の返品・交換には応じかねます。
★ご記入頂いた個人に関する情報は、当社にて厳重に管理致します。なお、ご購入の商品発送の他に、当社発行の書籍案内、書籍に関する調査に使用させて頂く場合がございますので、予めご了承ください。

日本学習図書株式会社
http://www.nichigaku.jp

# 問題 1

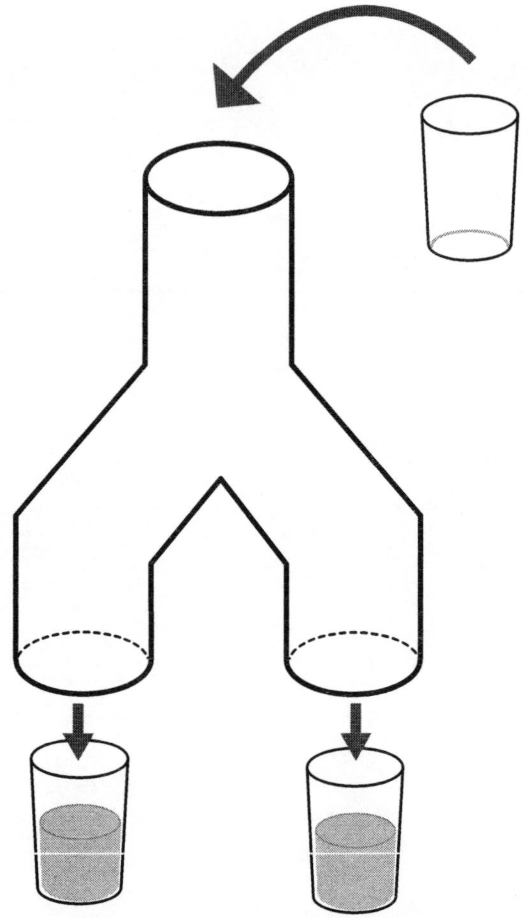

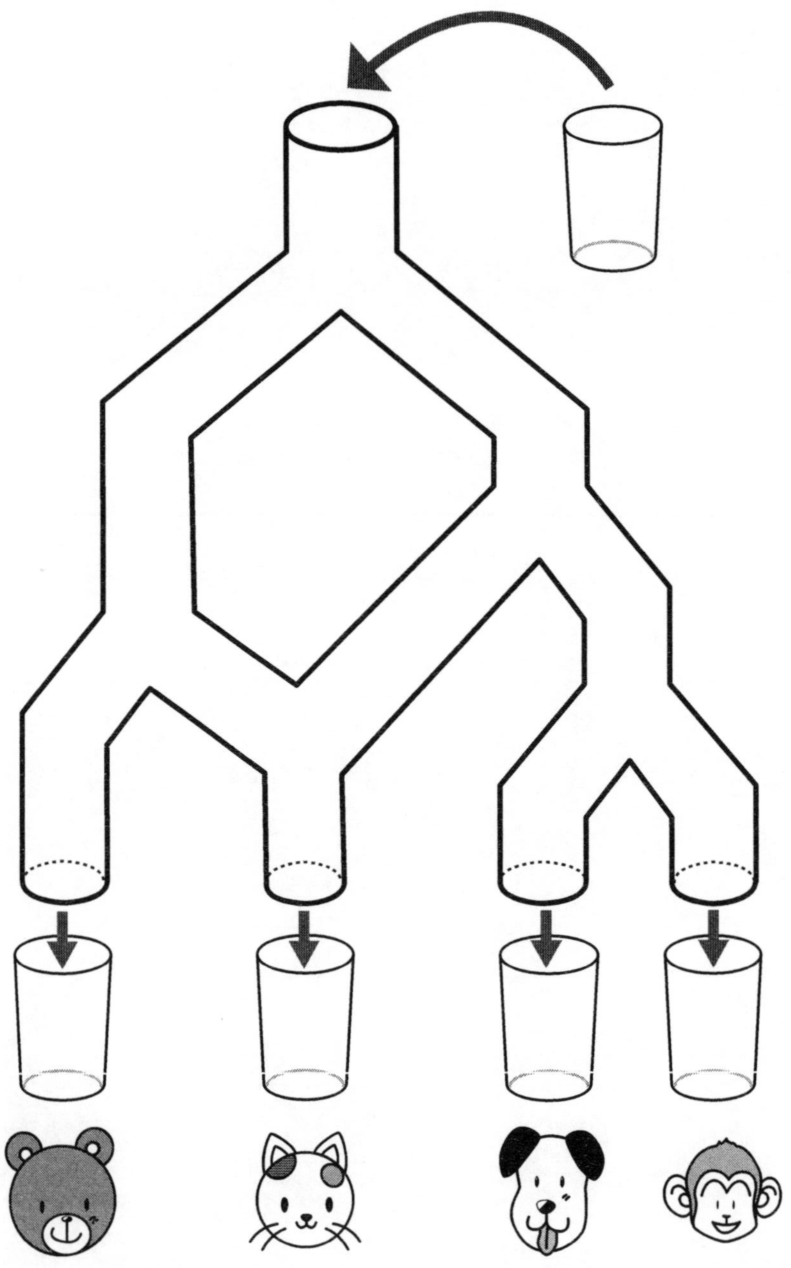

# 問題2

①

②

日本学習図書株式会社

2021 年度版 洗足学園 過去 無断複製/転載を禁ずる

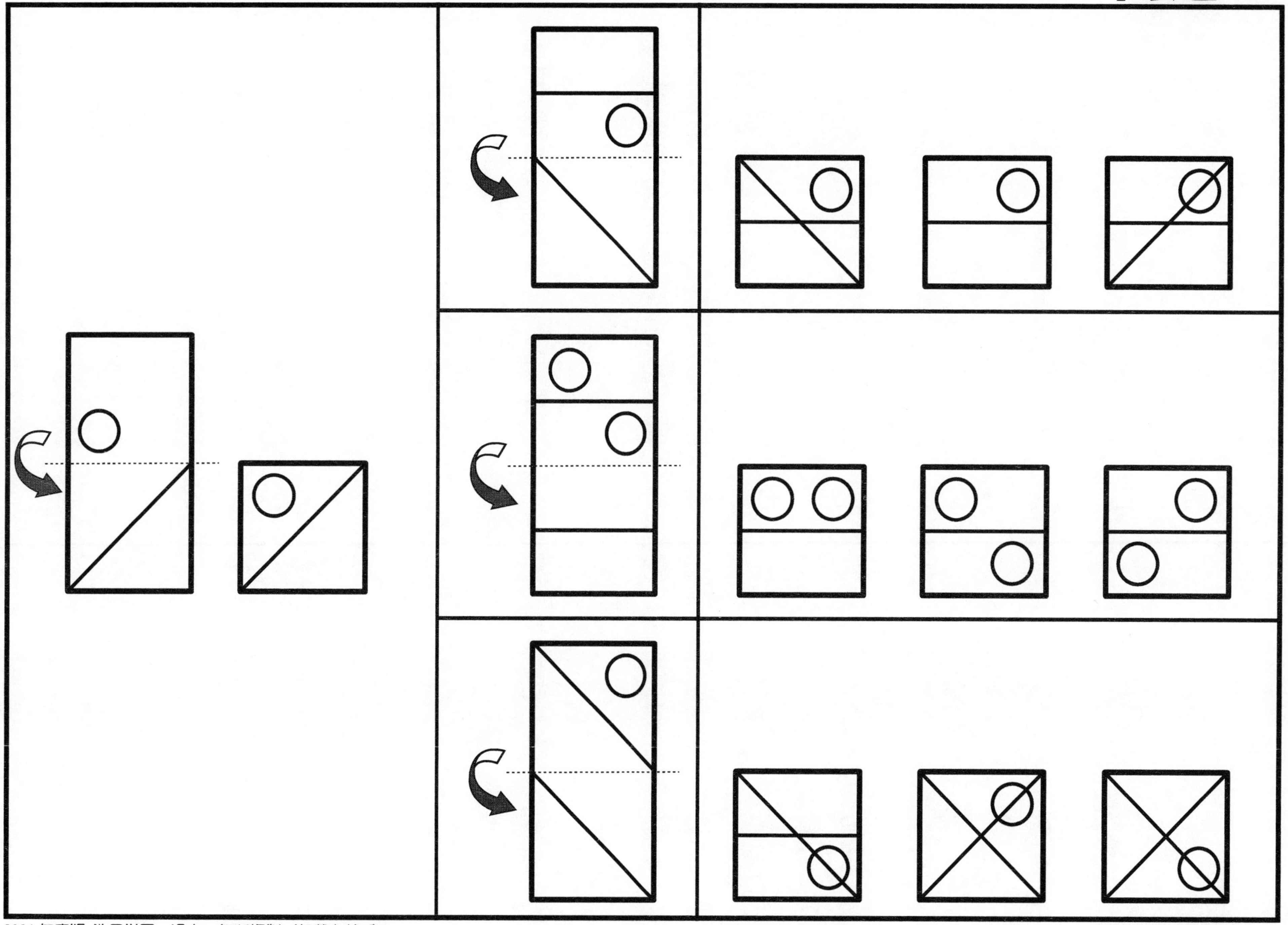

## 問題4

# 問題5

①

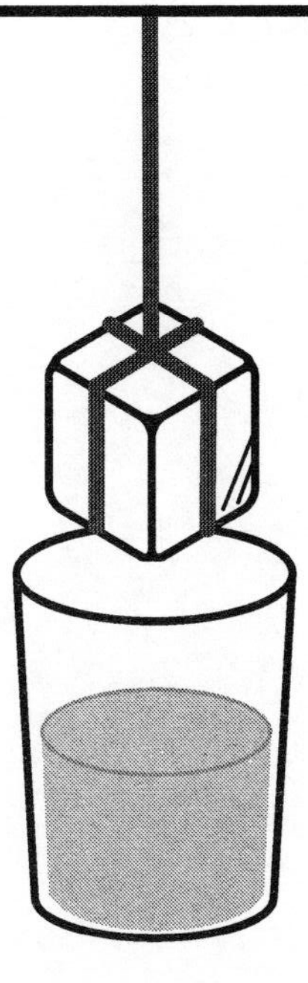

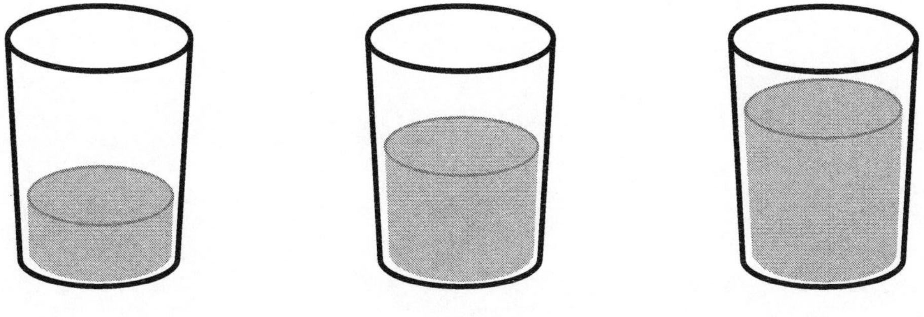

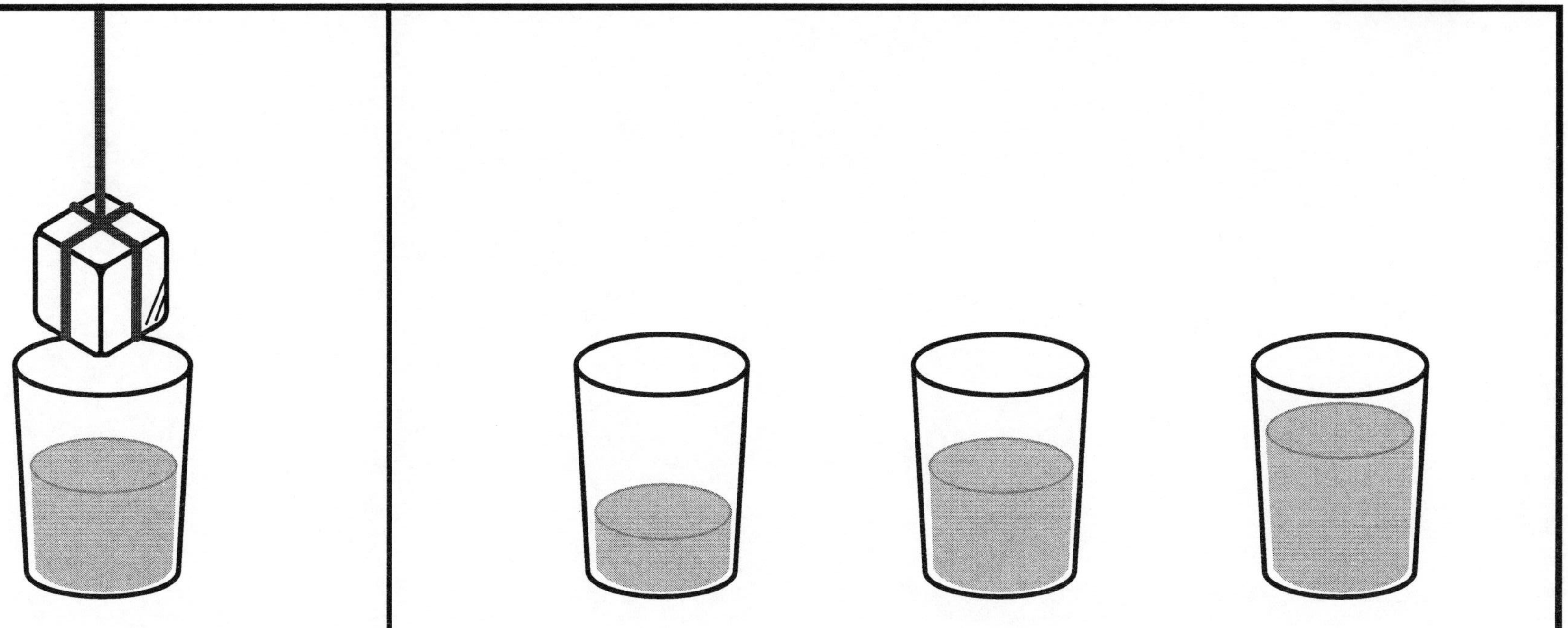

②

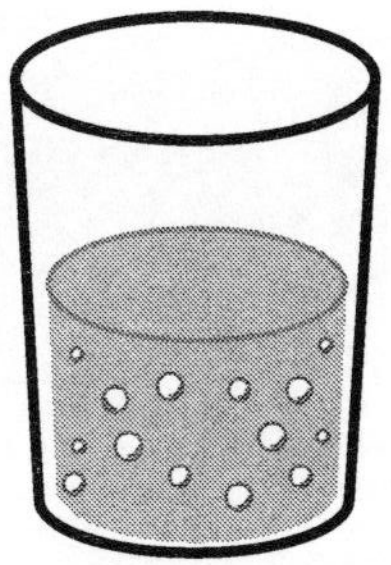

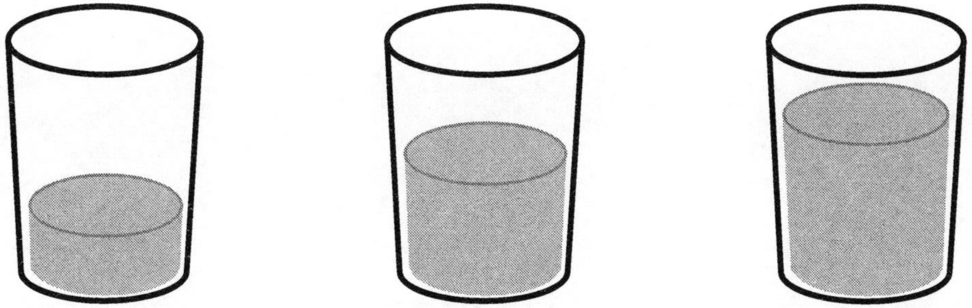

# 問題6－1

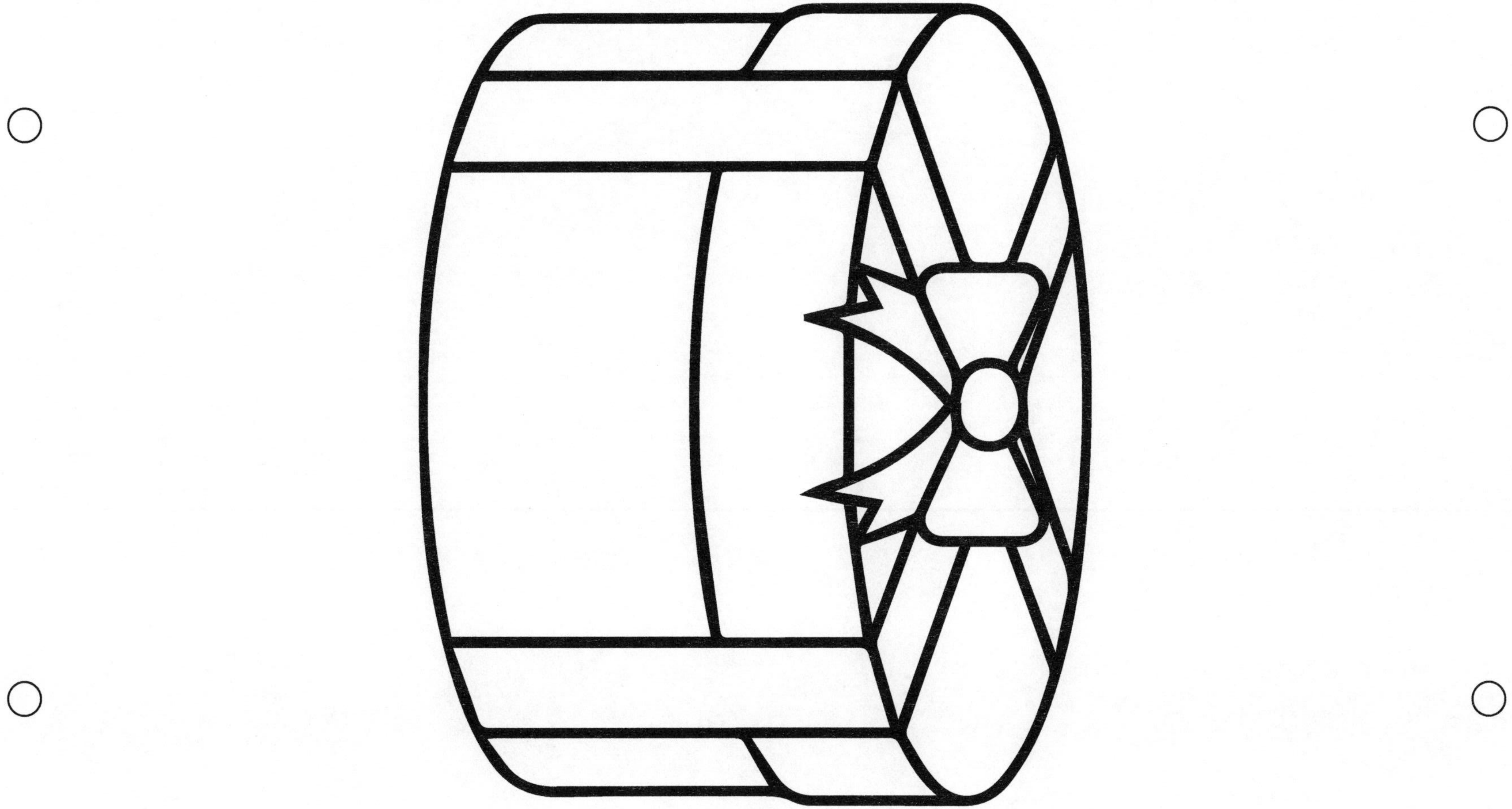

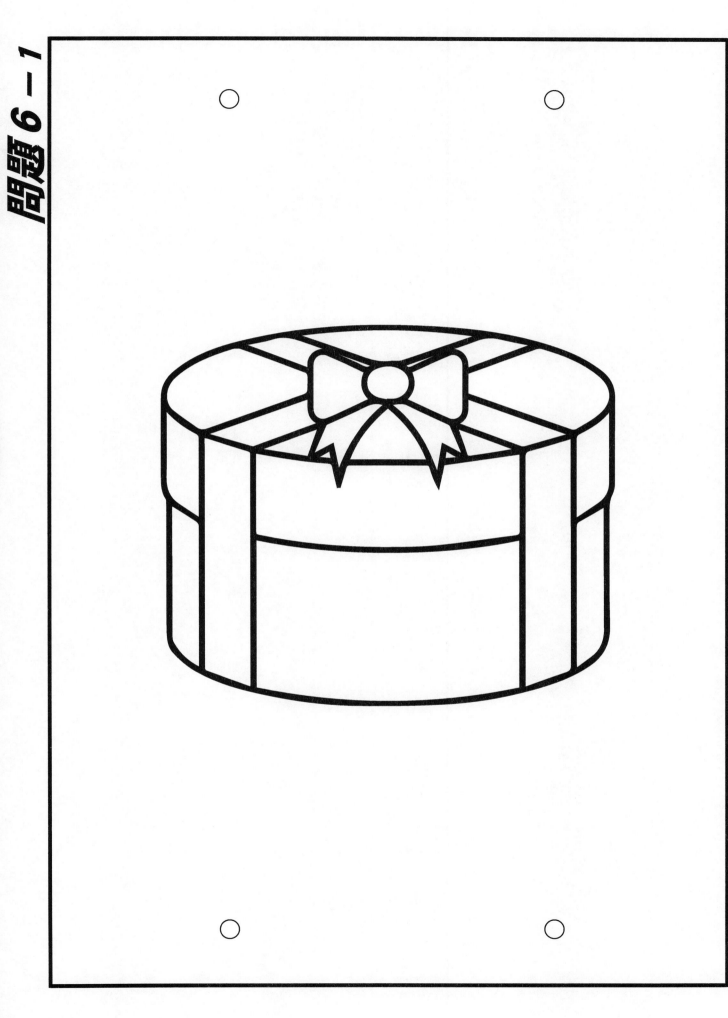

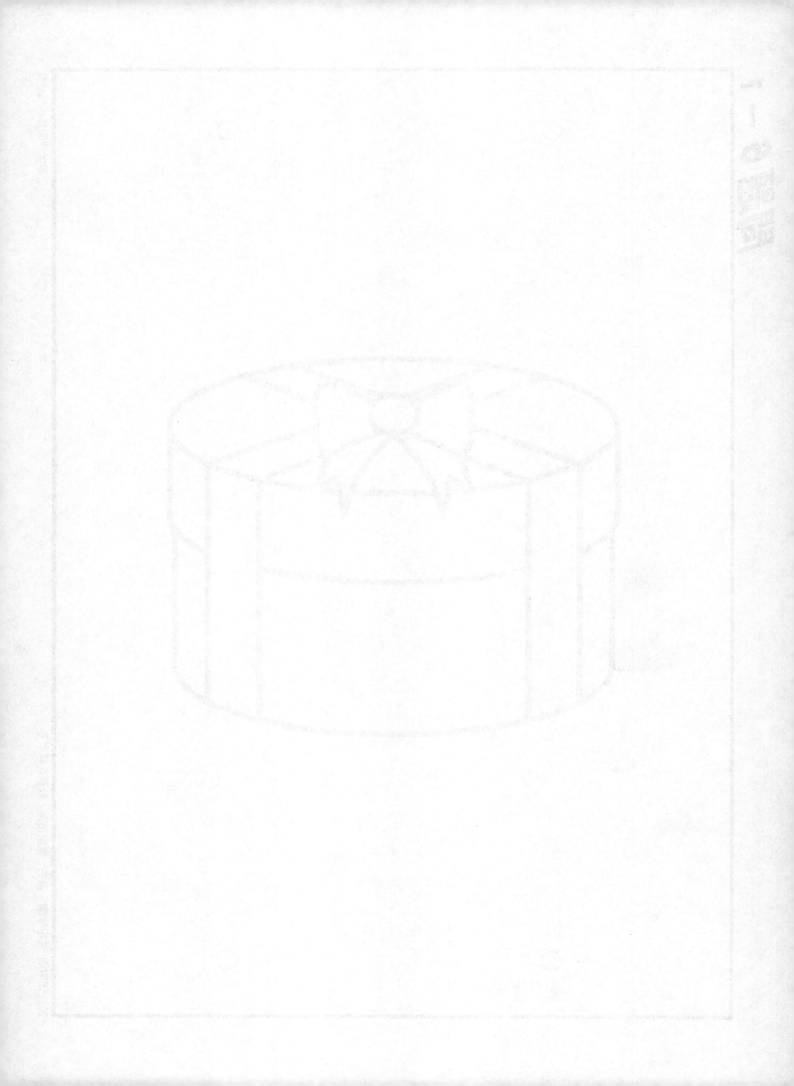

# 問題6－2

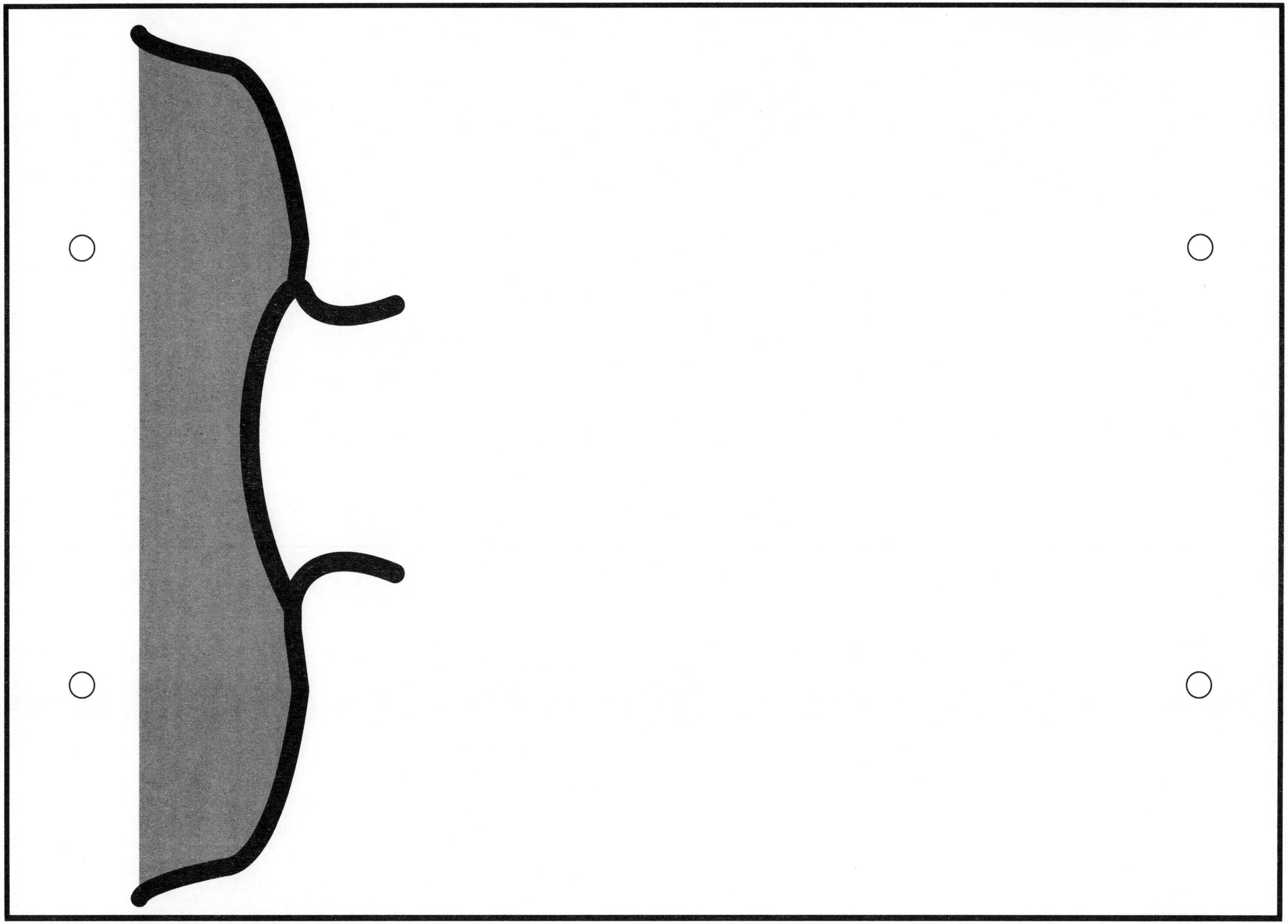

# 問題7

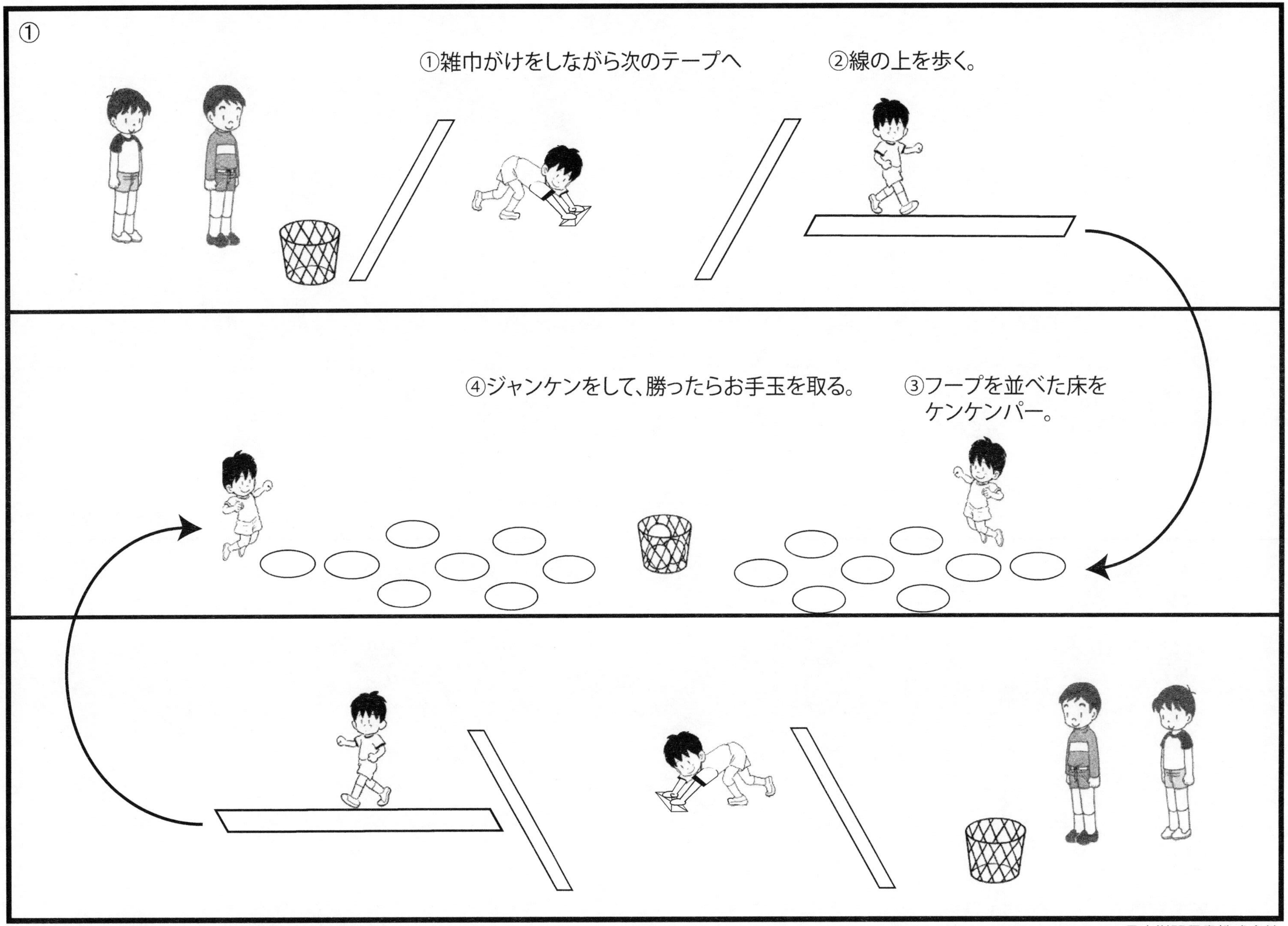
①
①雑巾がけをしながら次のテープへ
②線の上を歩く。
③フープを並べた床を
ケンケンパー。
④ジャンケンをして、勝ったらお手玉を取る。

# 問題9

①

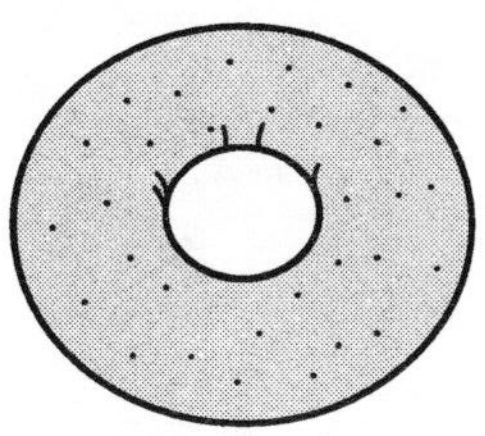
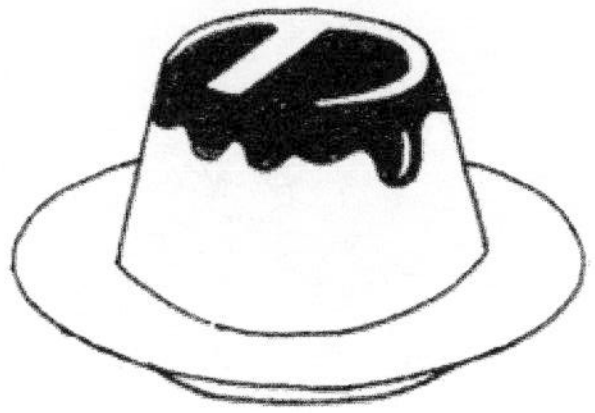
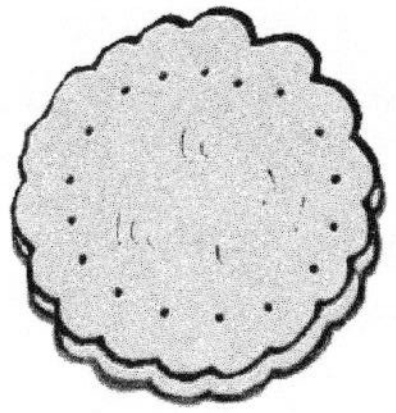
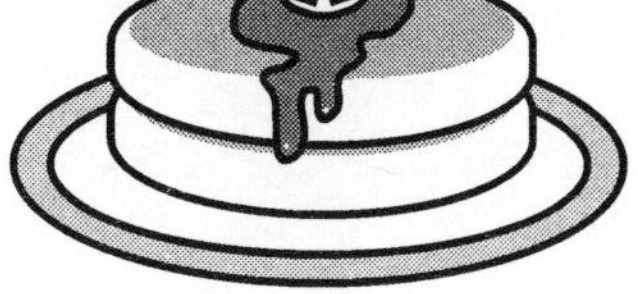

②

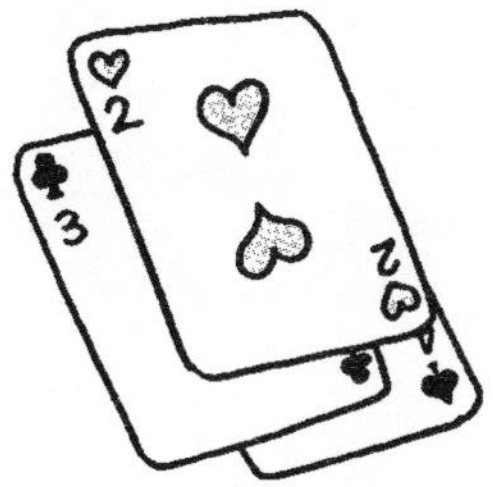
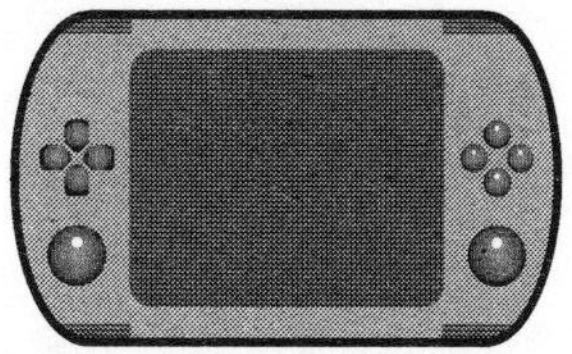
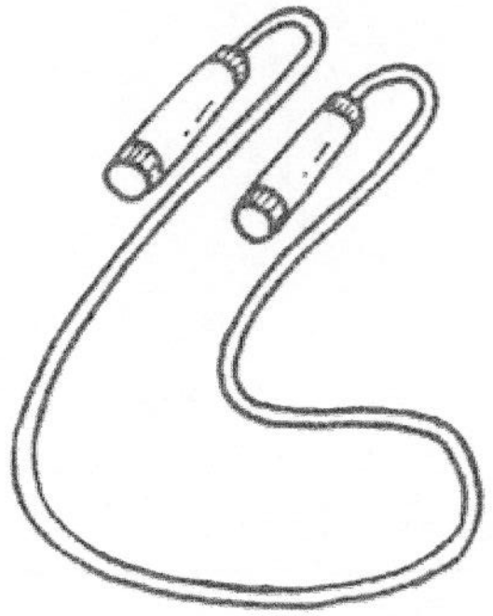
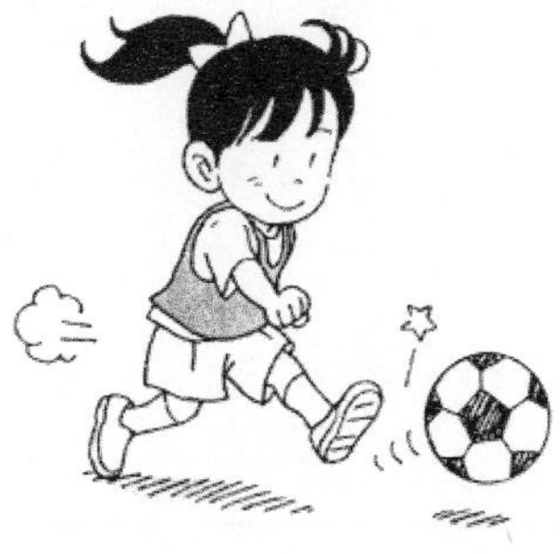

③

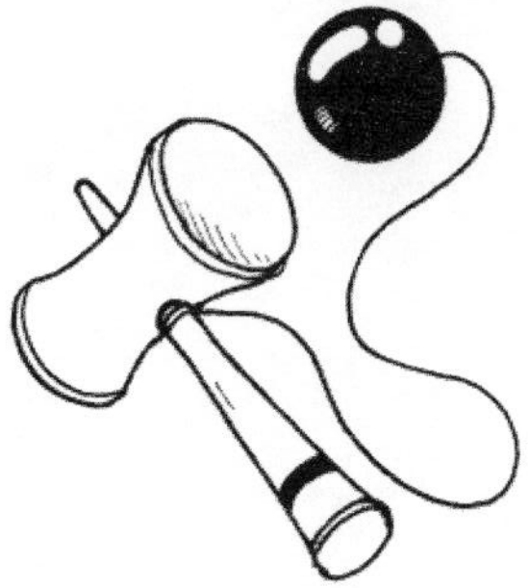
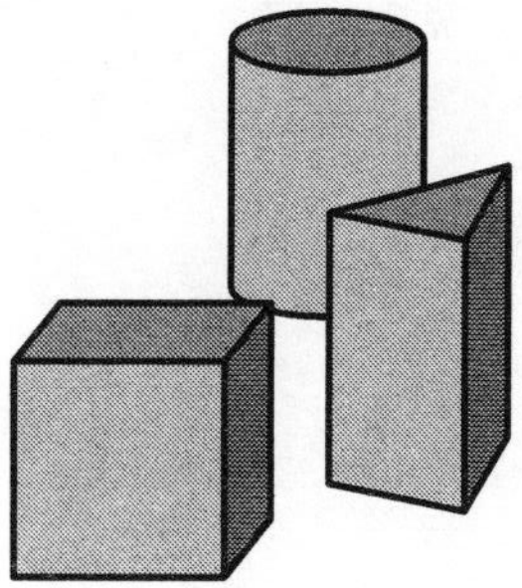
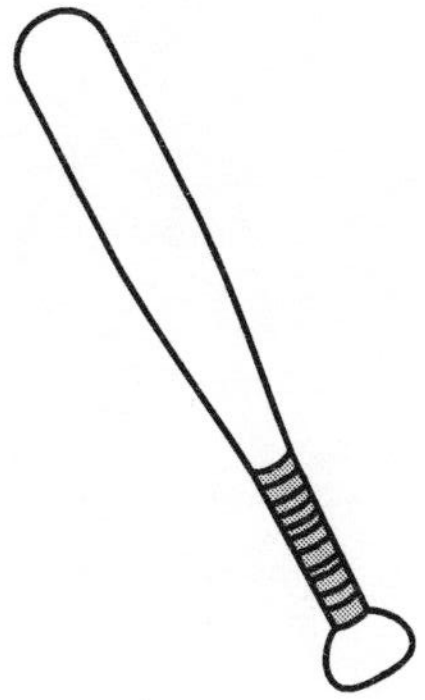
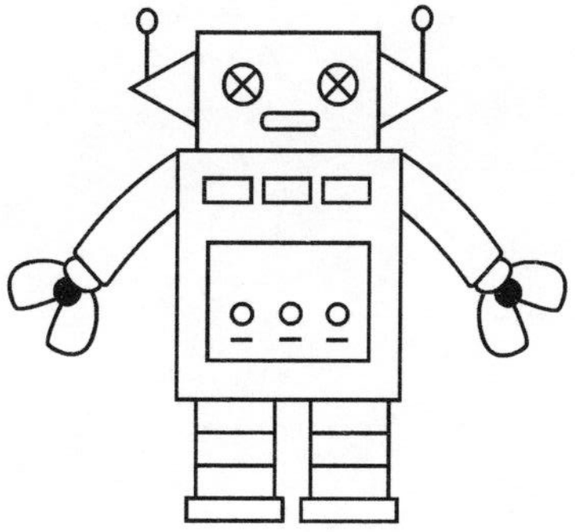

 



日本学習図書株式会社

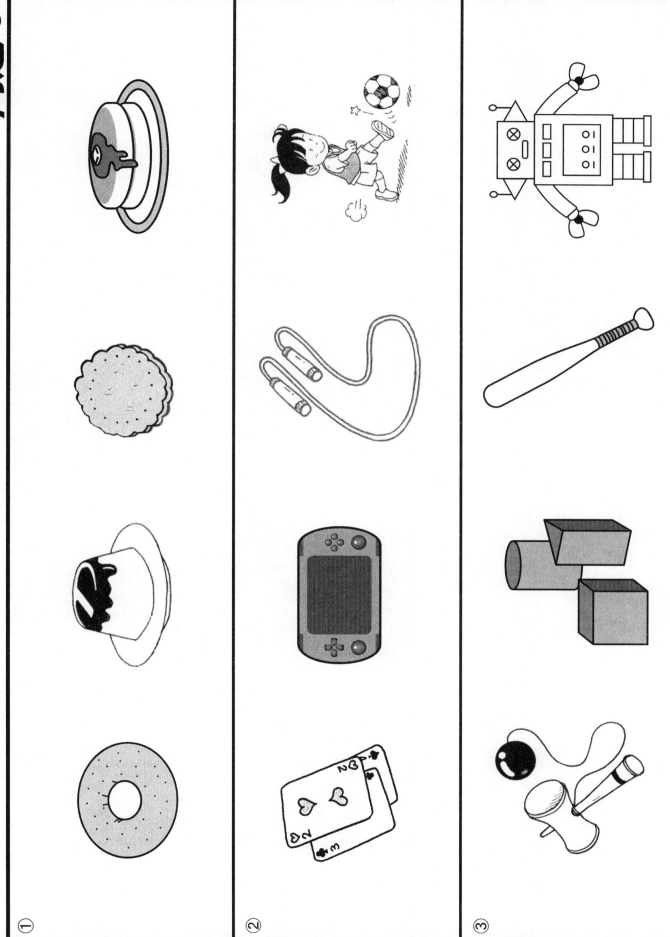

# 問題１０

①

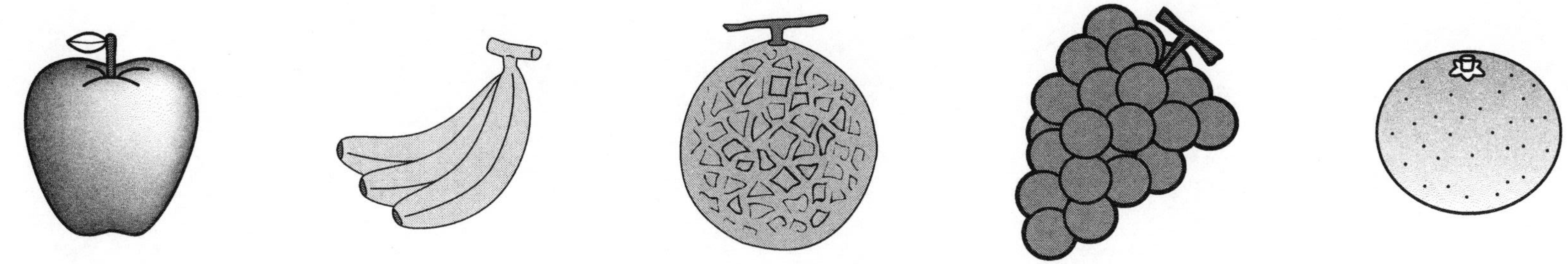

②

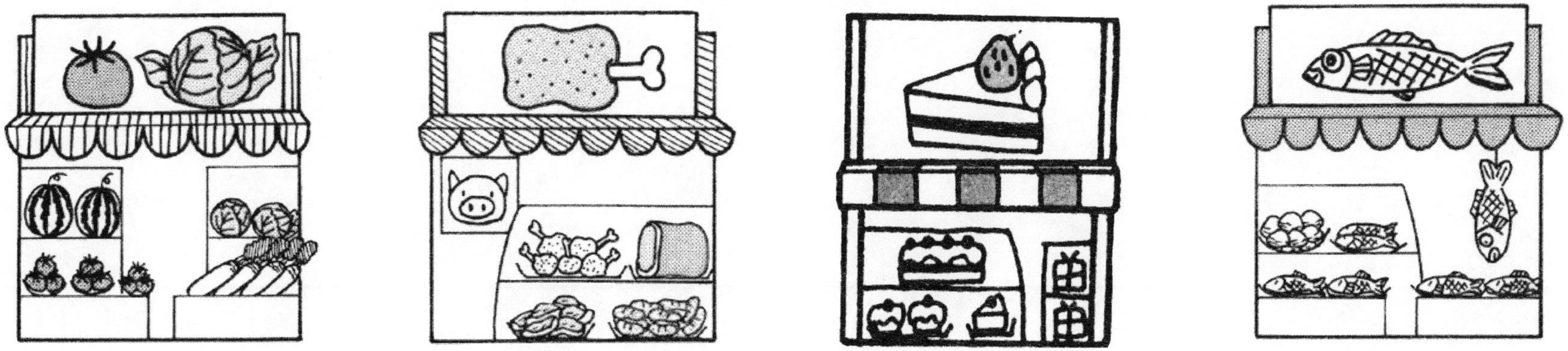

③

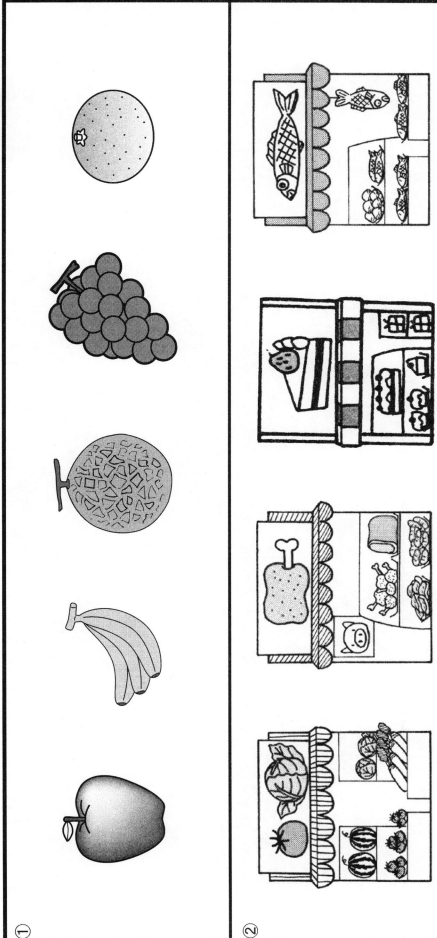

# 問題１１

①

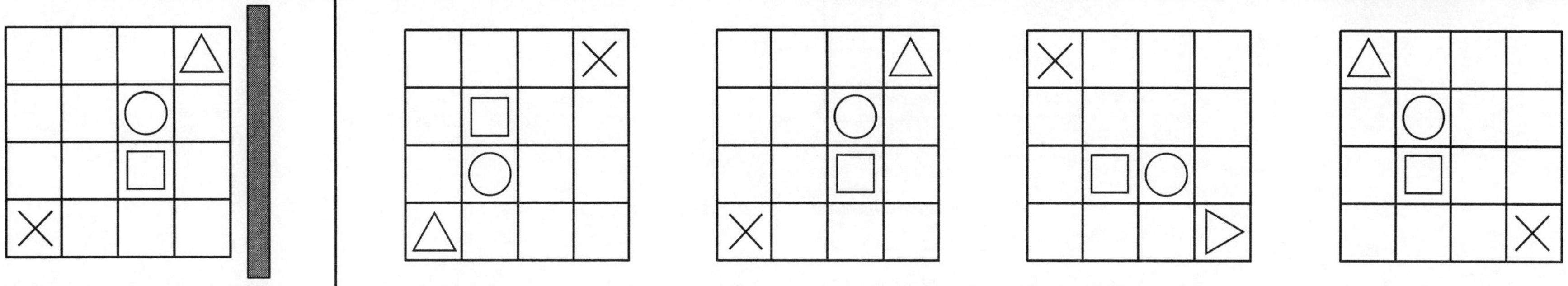

②

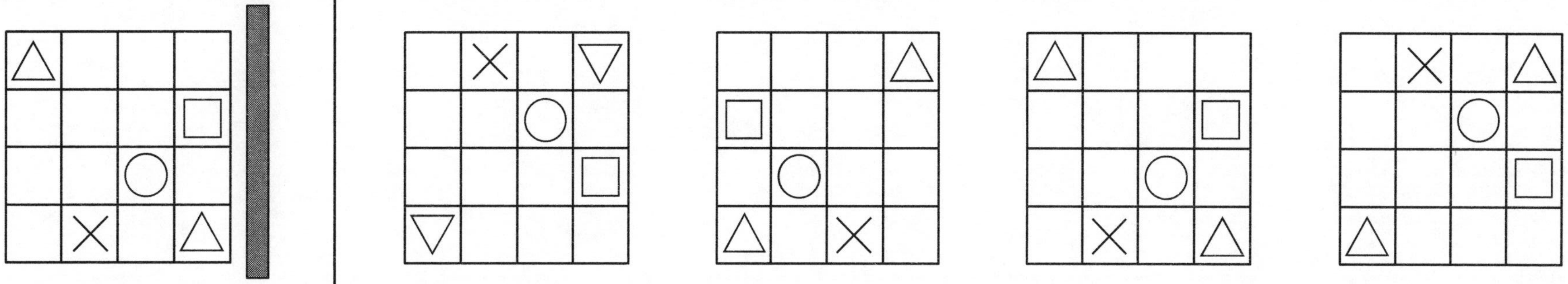

③

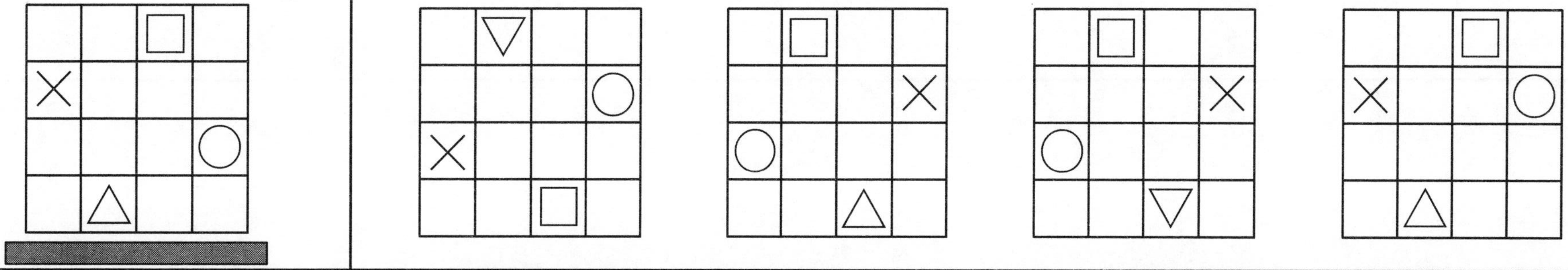

④

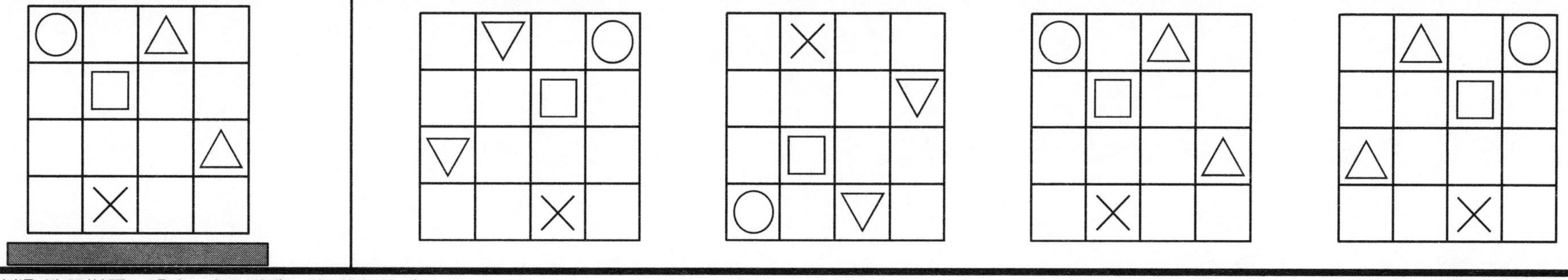

# 問題12

①

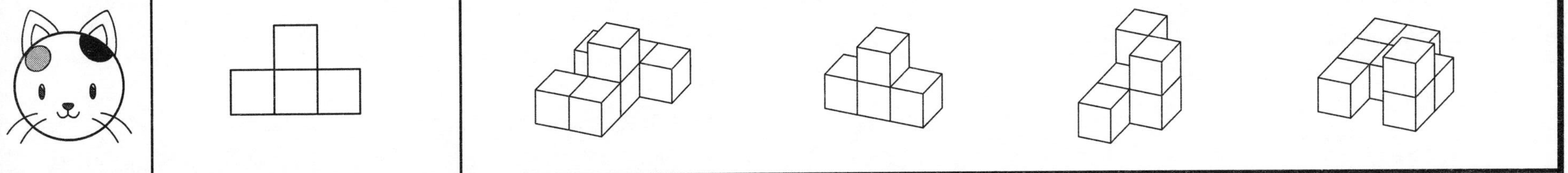

②

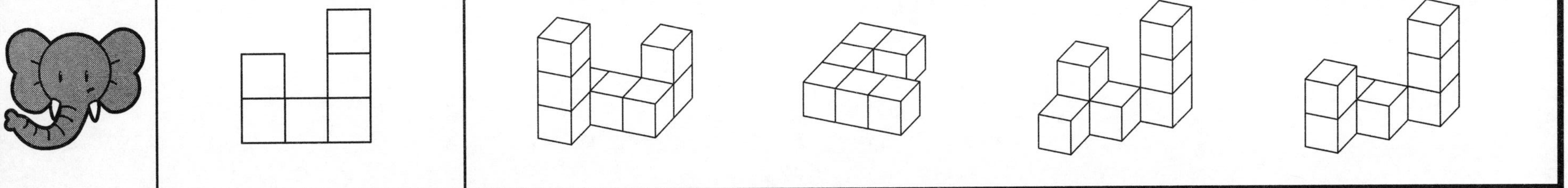

③

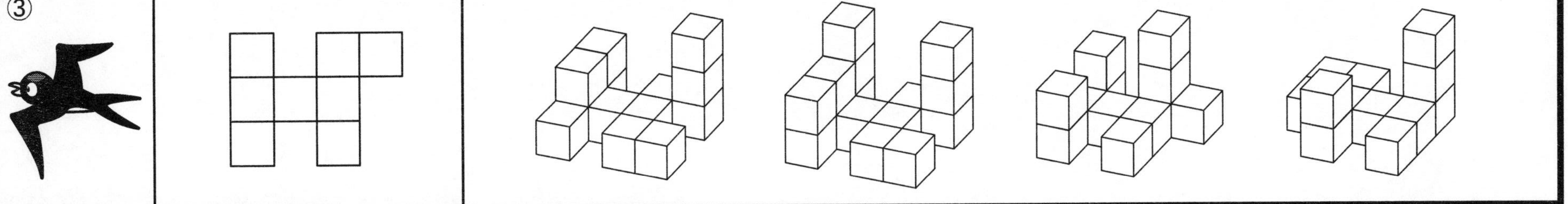



日本学習図書株式会社

# 問題１３

①

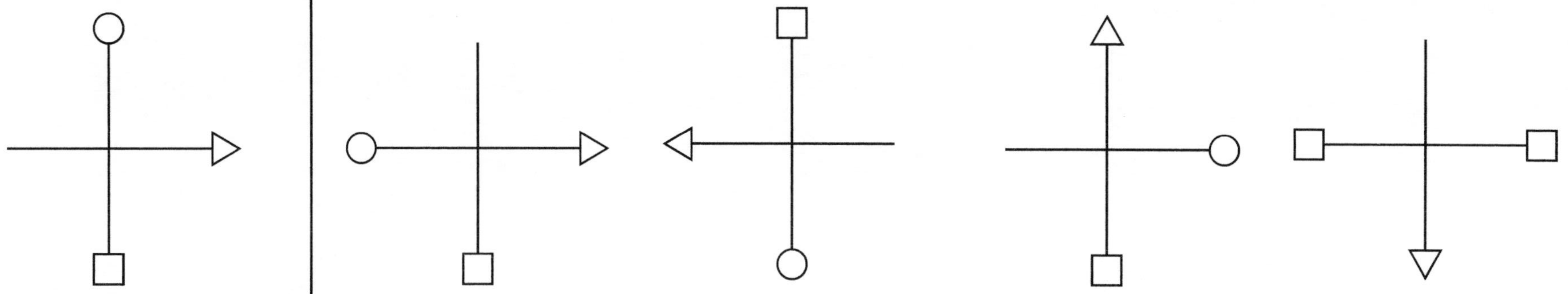

②

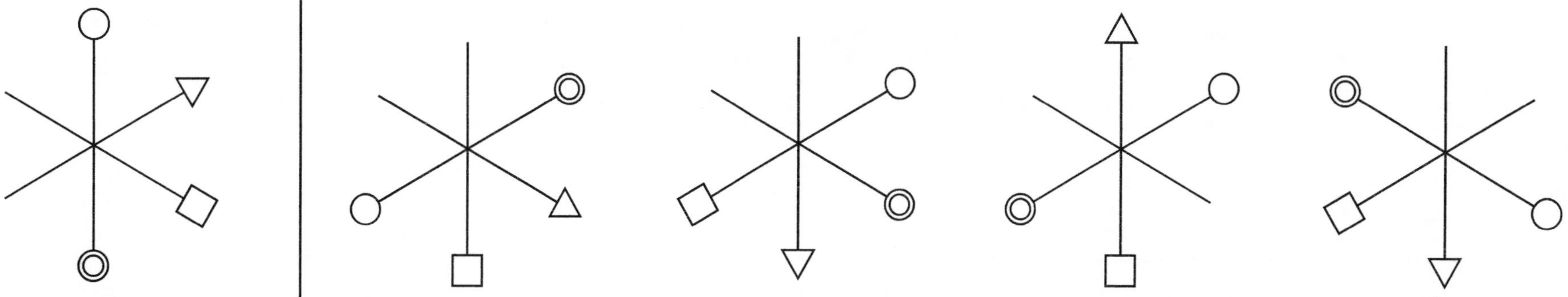

③

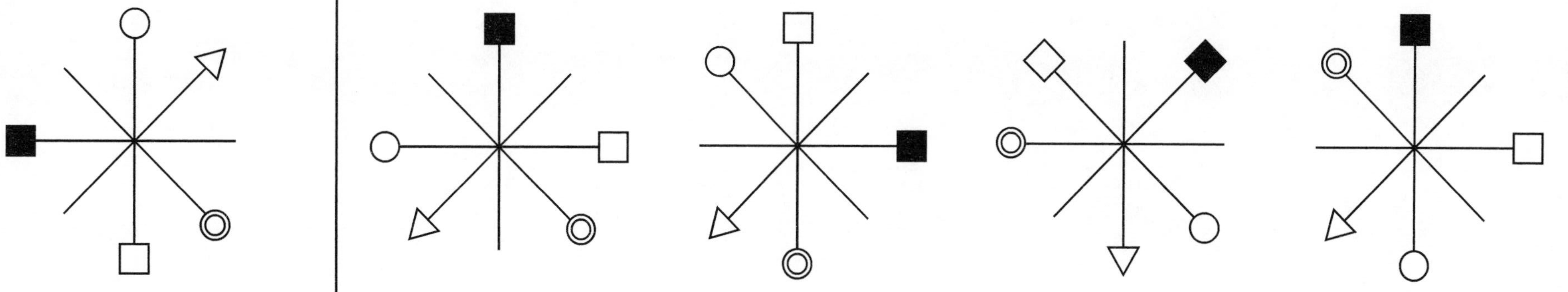

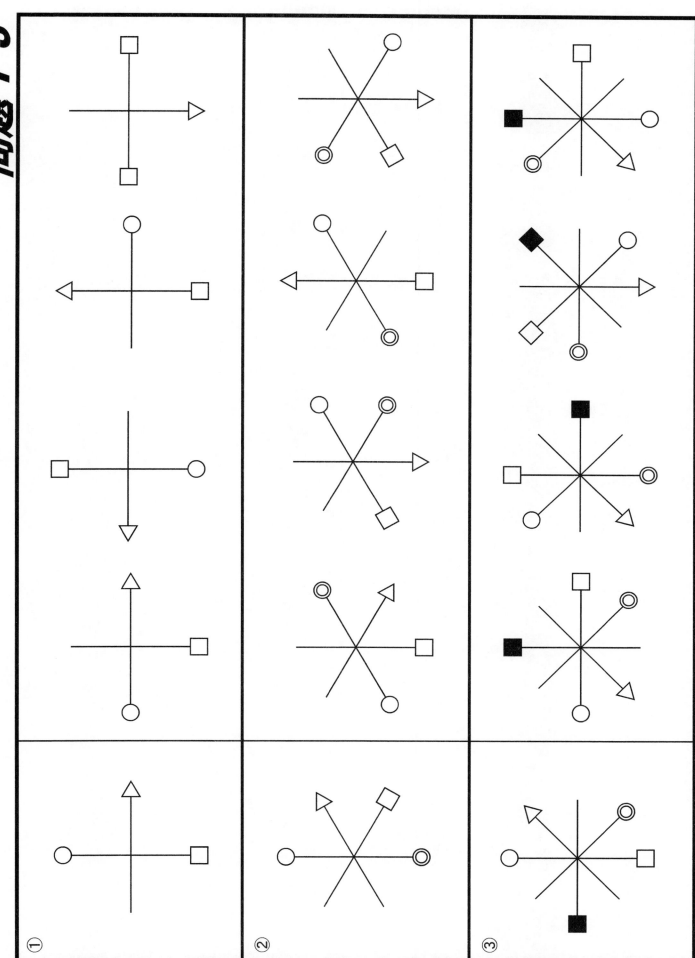

# 問題１４

| | |
|---|---|
| ① 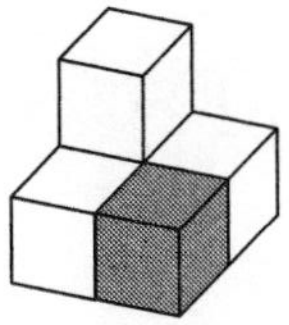 | |
| ②  | |
| ③ 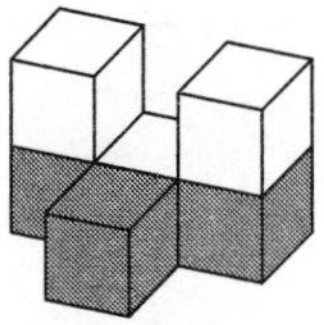 | |
| ④ 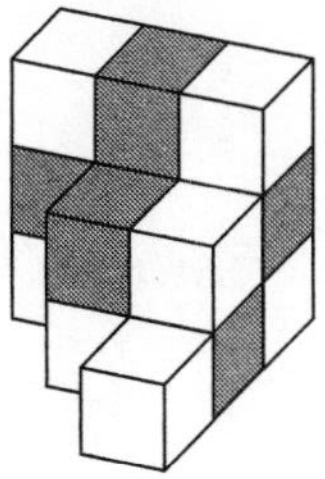 | |

2021 年度版 洗足学園 過去 無断複製／転載を禁ずる　　日本学習図書株式会社

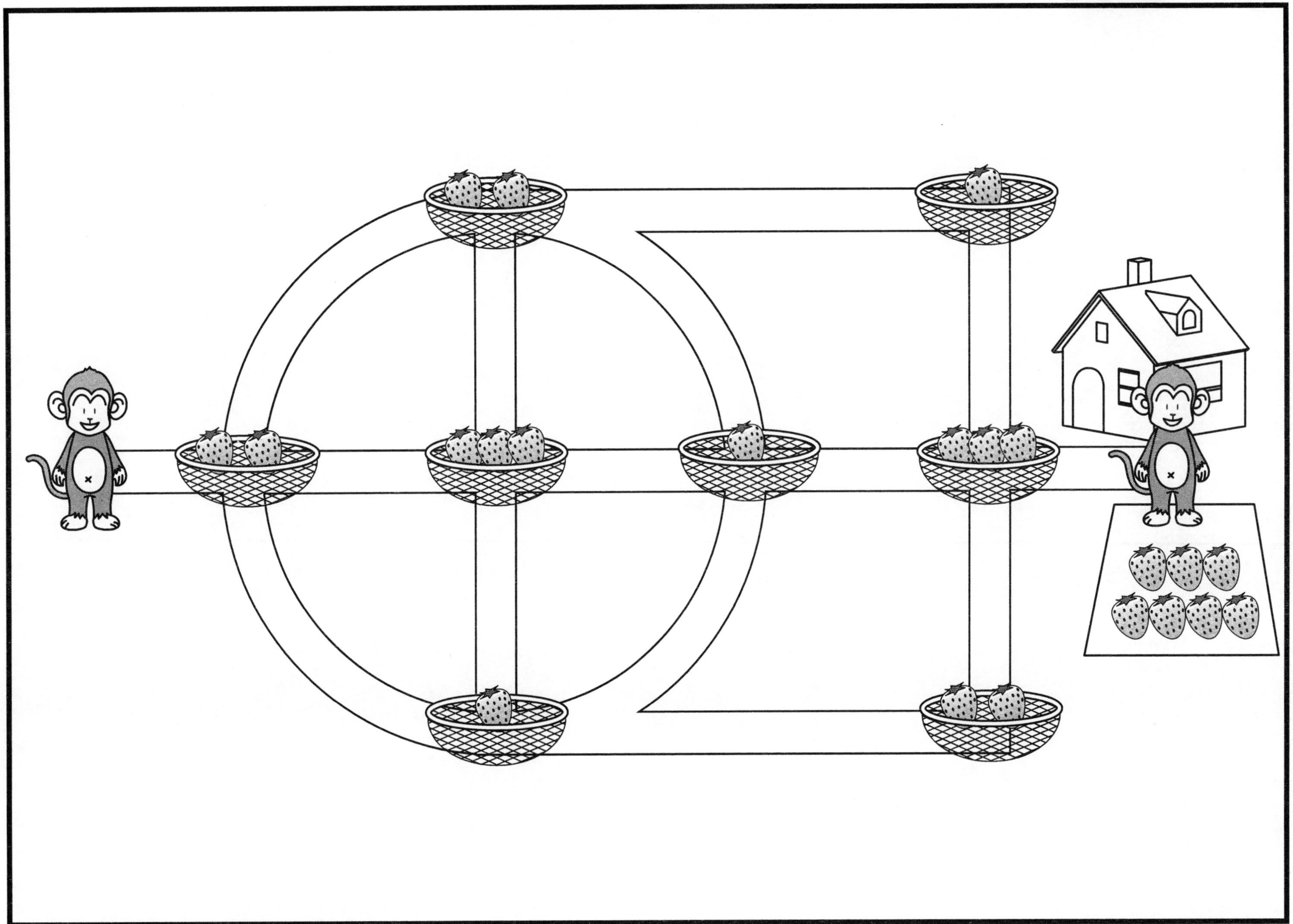

② 

③ 

2021年度版 洗足学園 過去

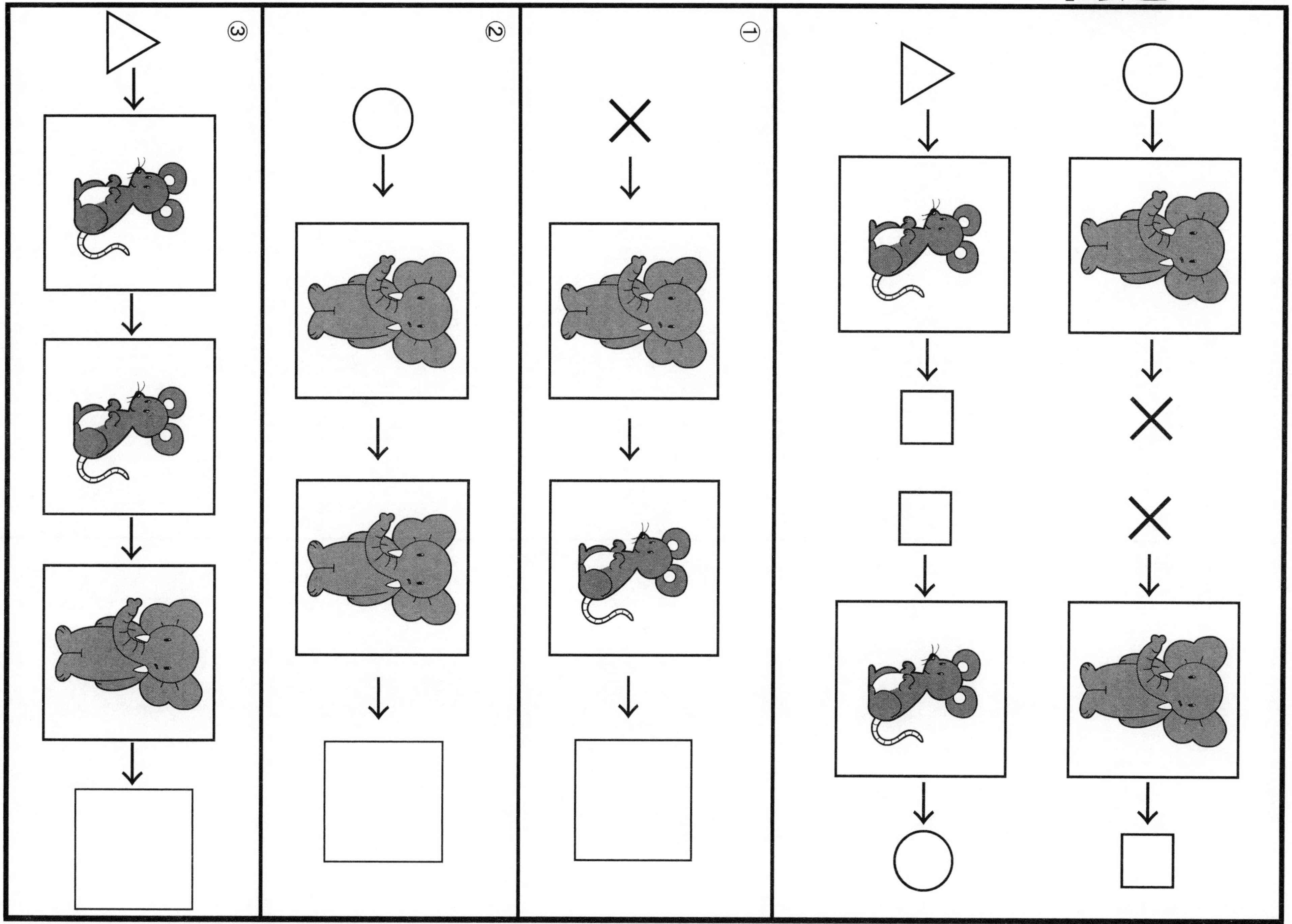

# 問題17

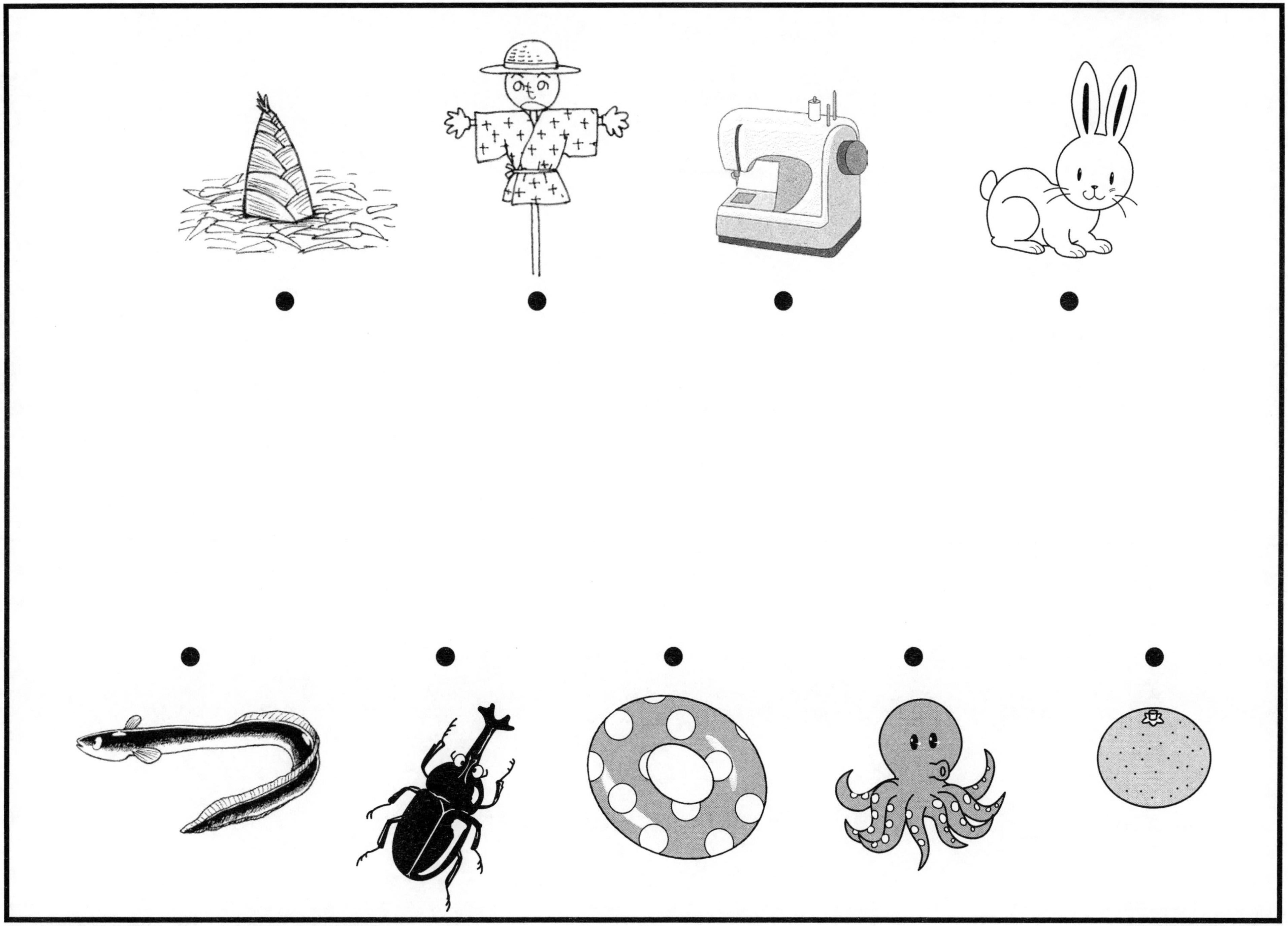

# 問題１８

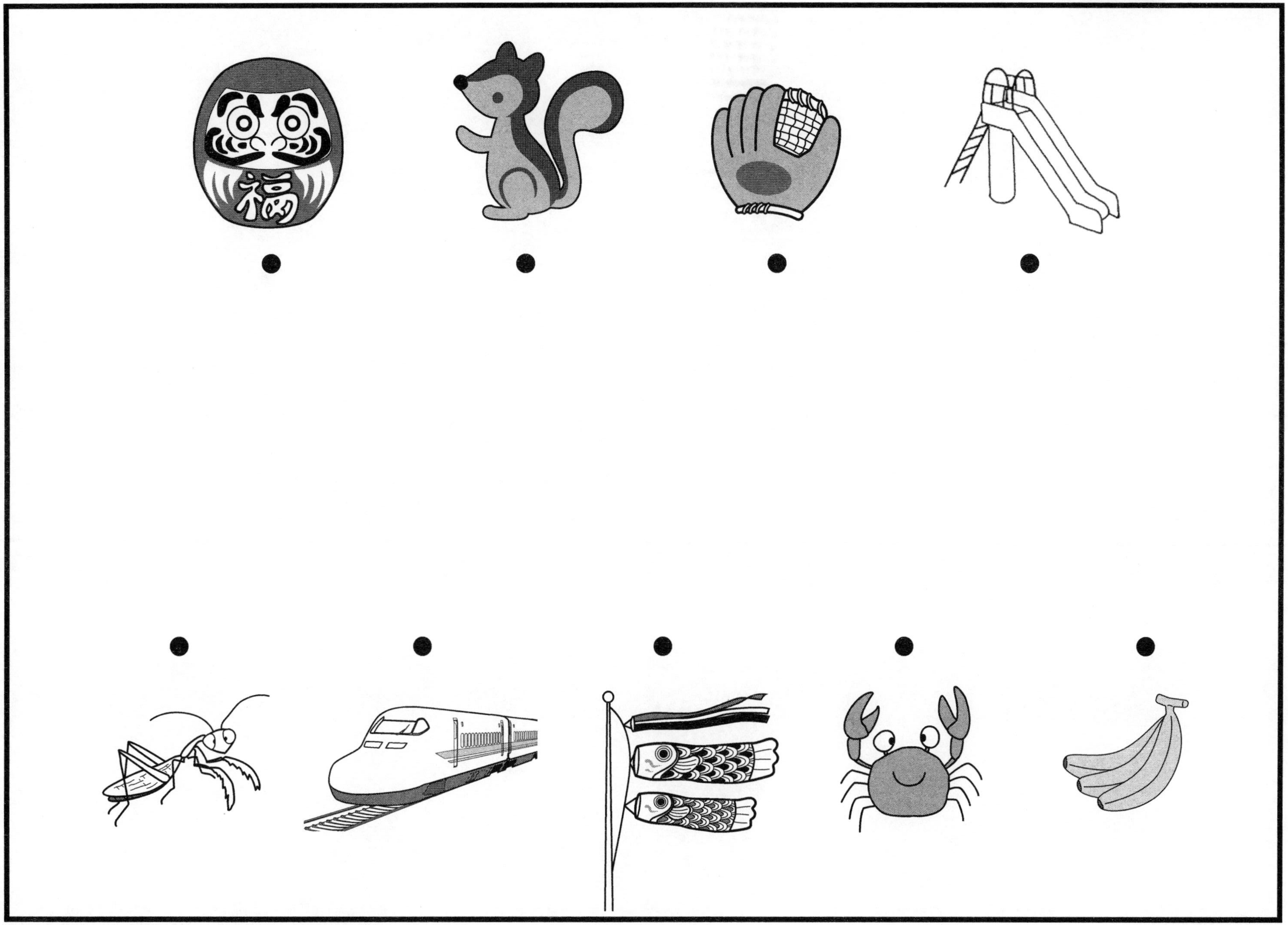

2021 年度版 洗足学園 過去 無断複製／転載を禁ずる

日本学習図書株式会社

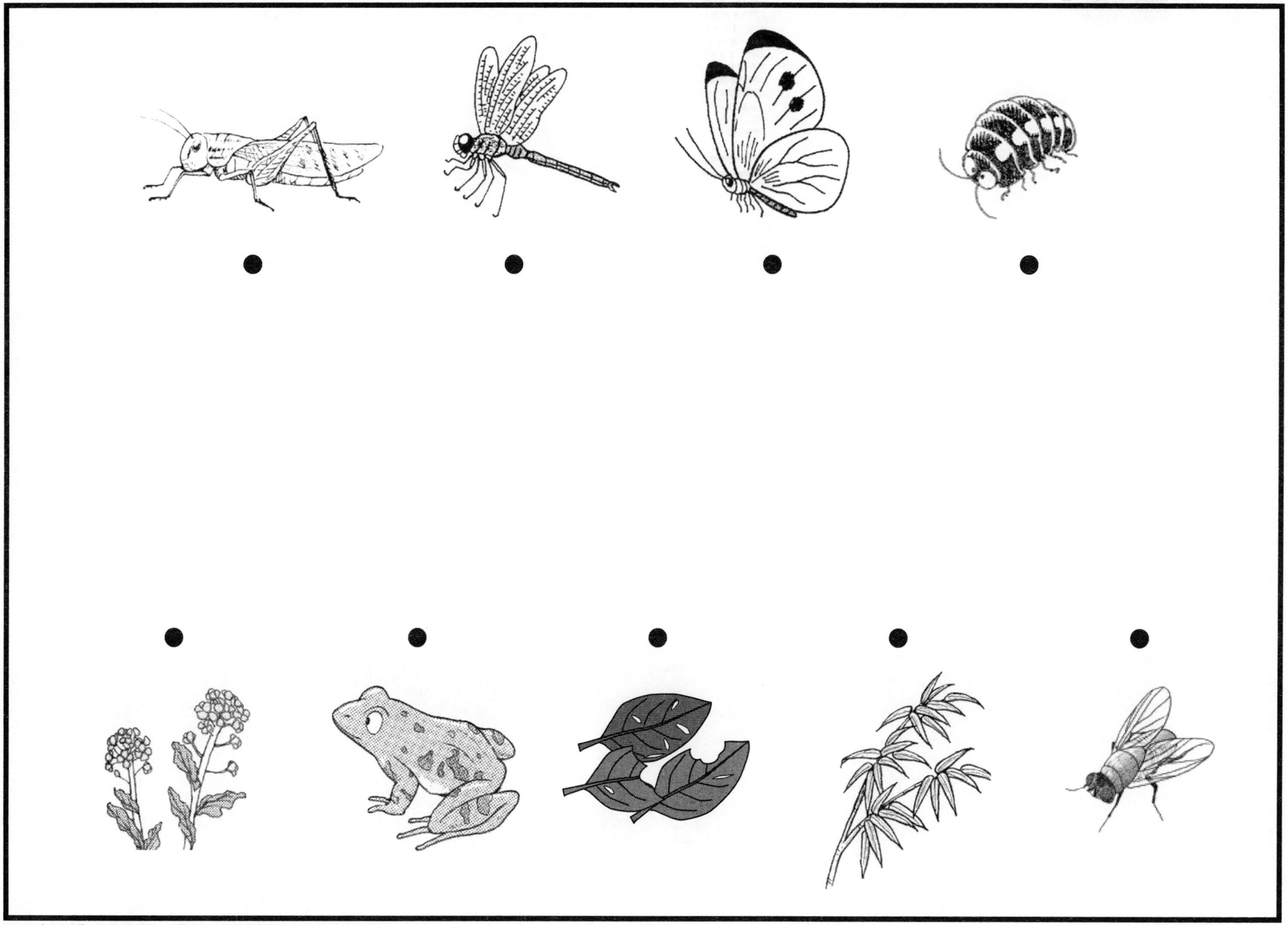

# 問題２０－２

# 問題２２

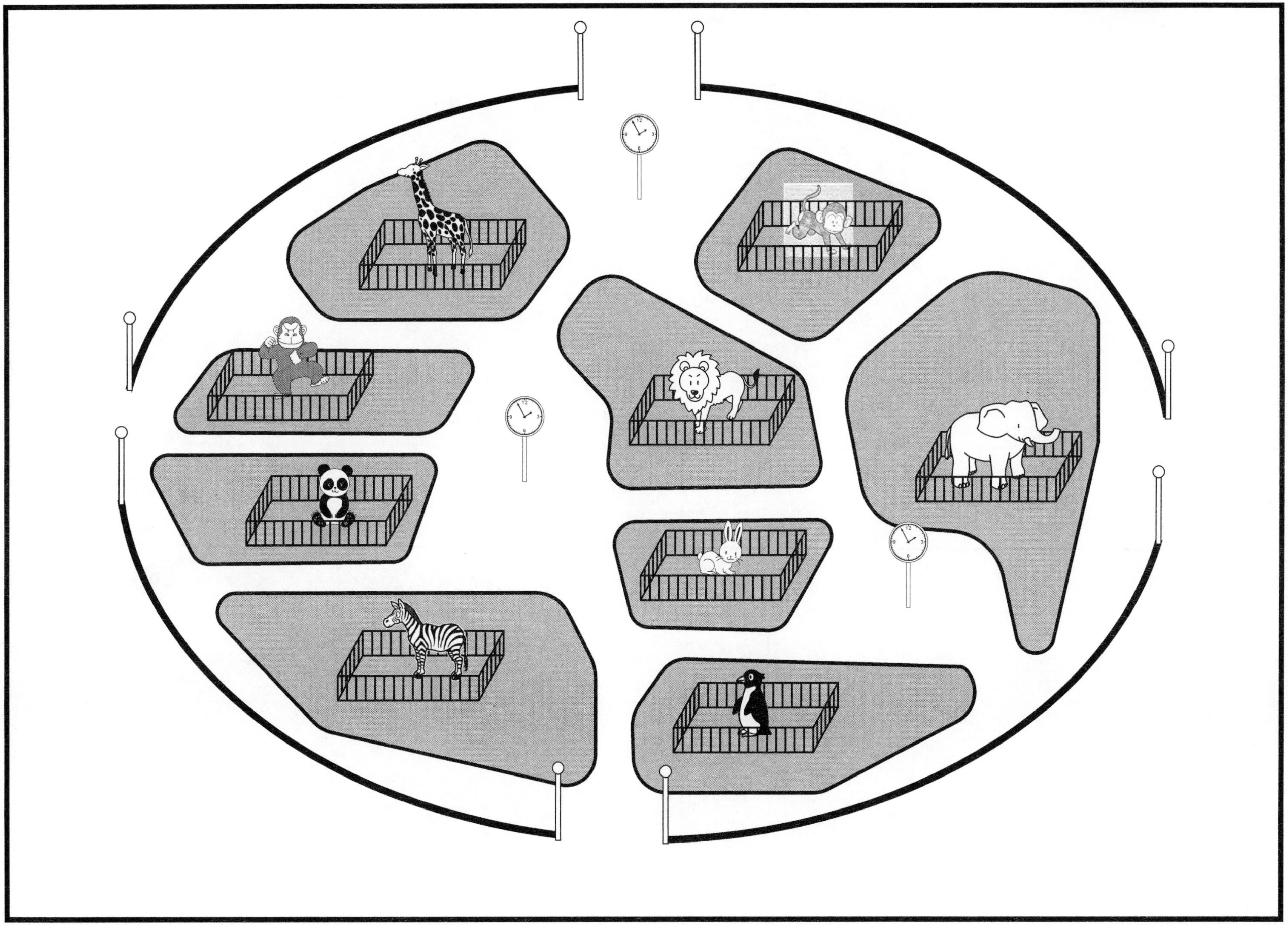

# 問題２３

①

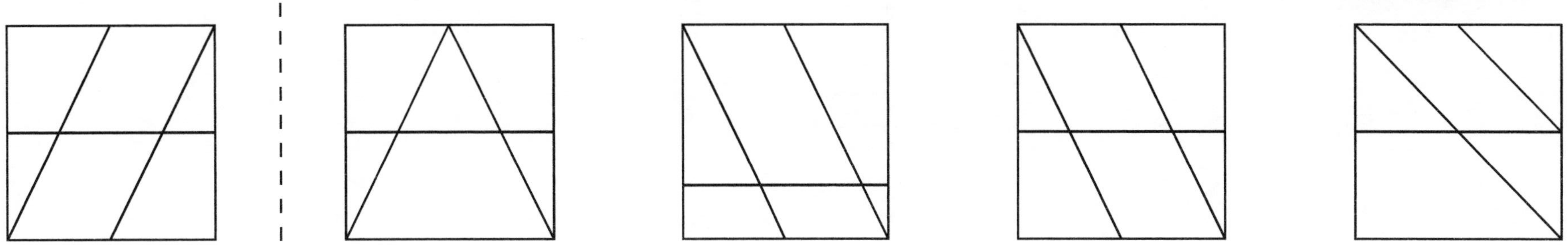

②

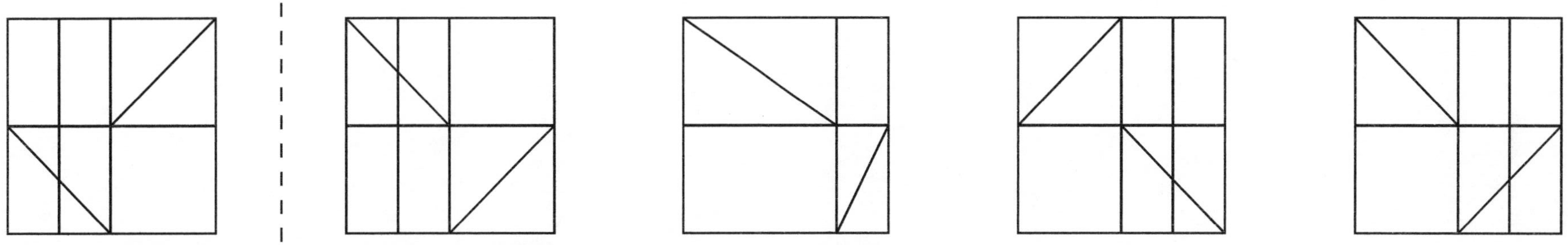

③

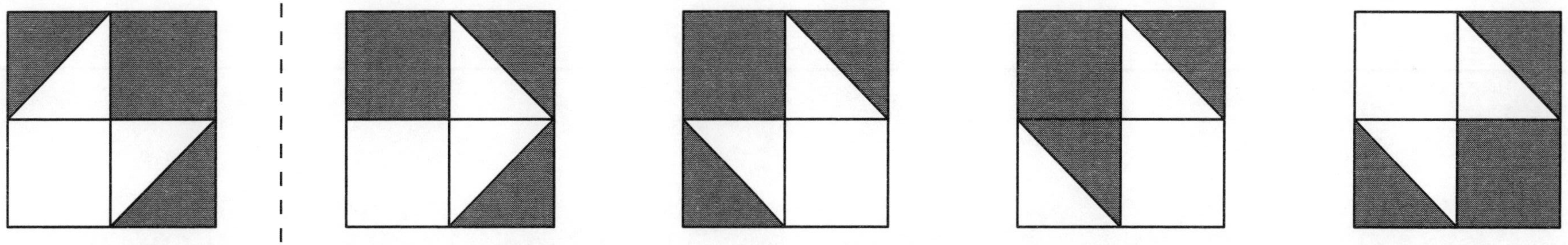

④

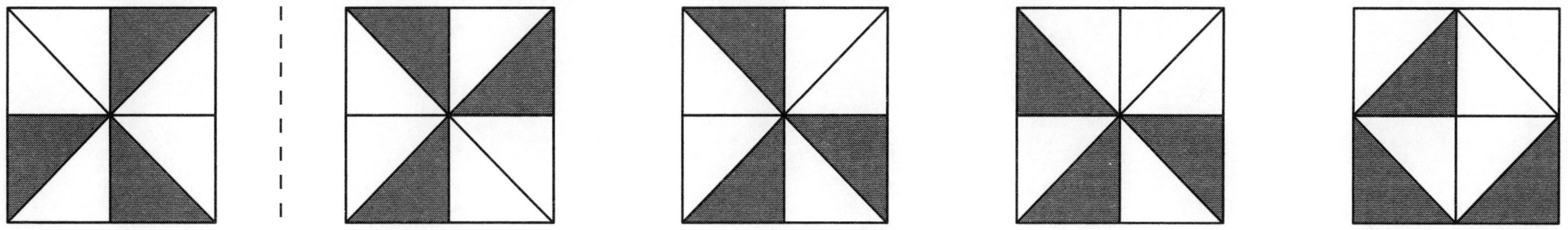

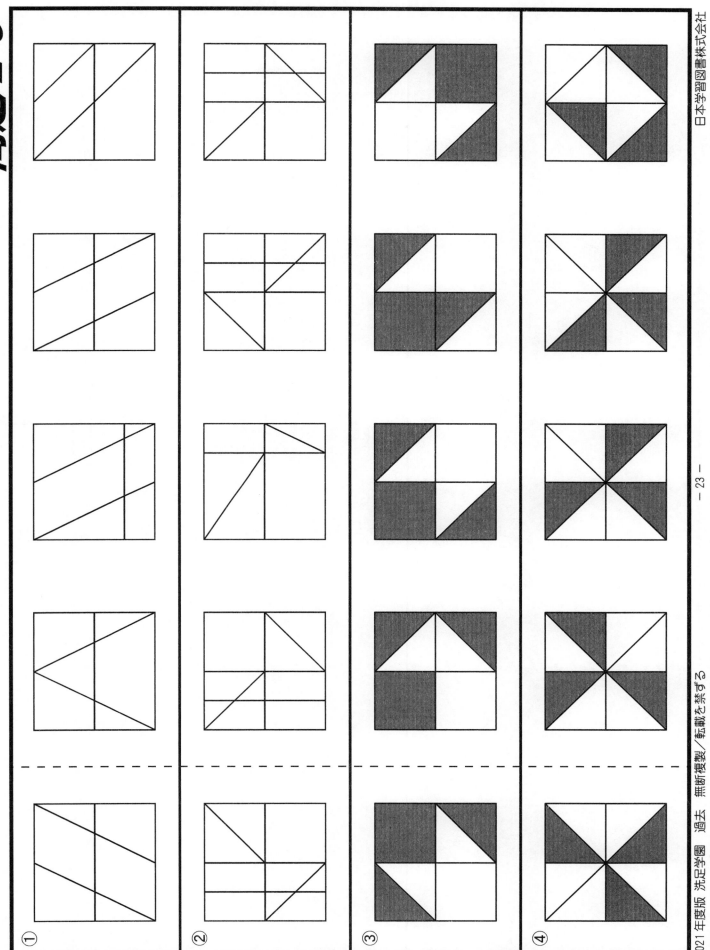

# 問題２４

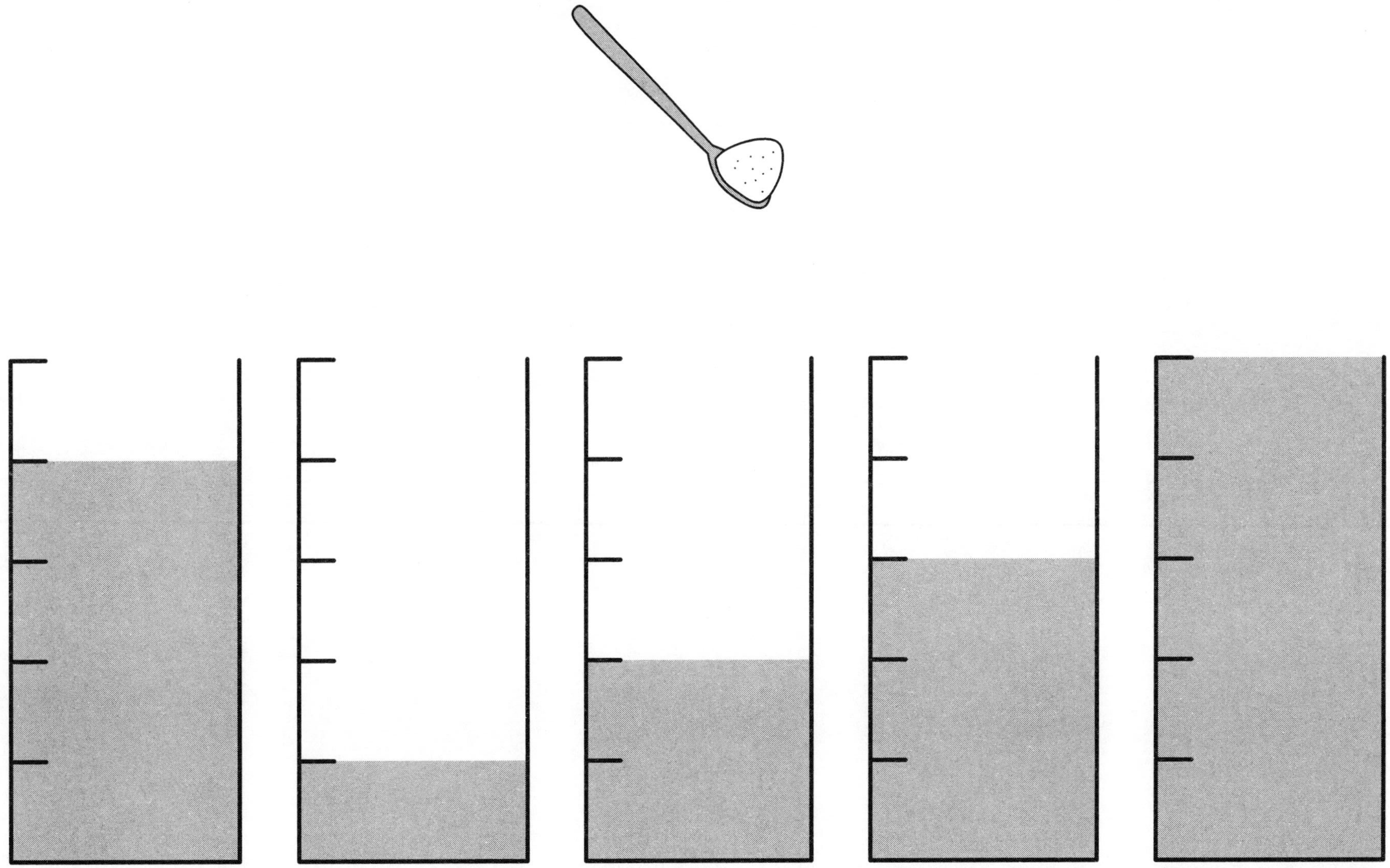

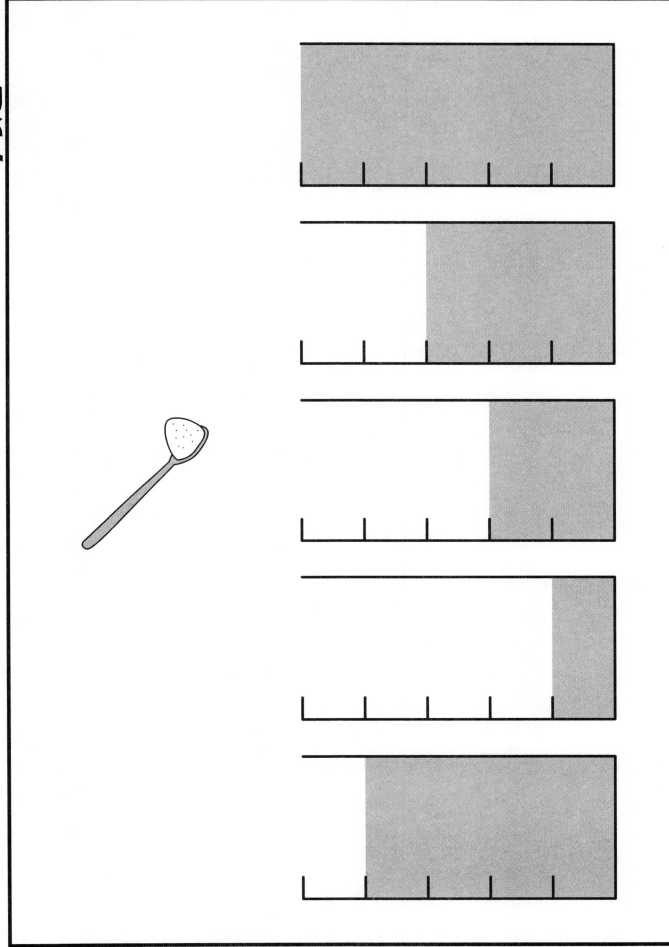

日本学習図書株式会社

2021 年度版 洗足学園 過去 無断複製/転載を禁ずる

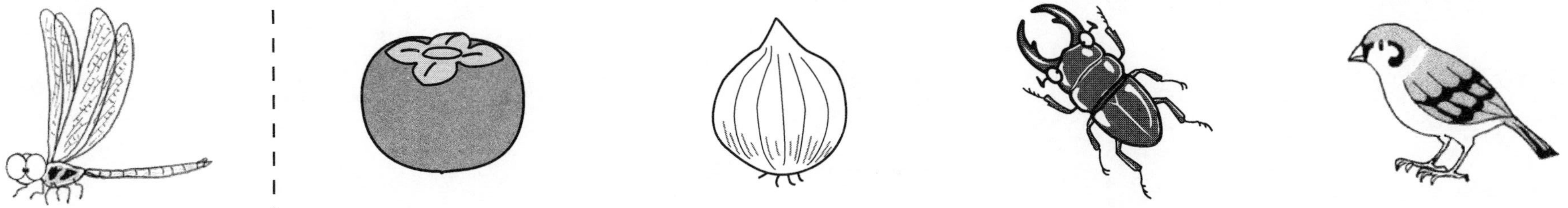

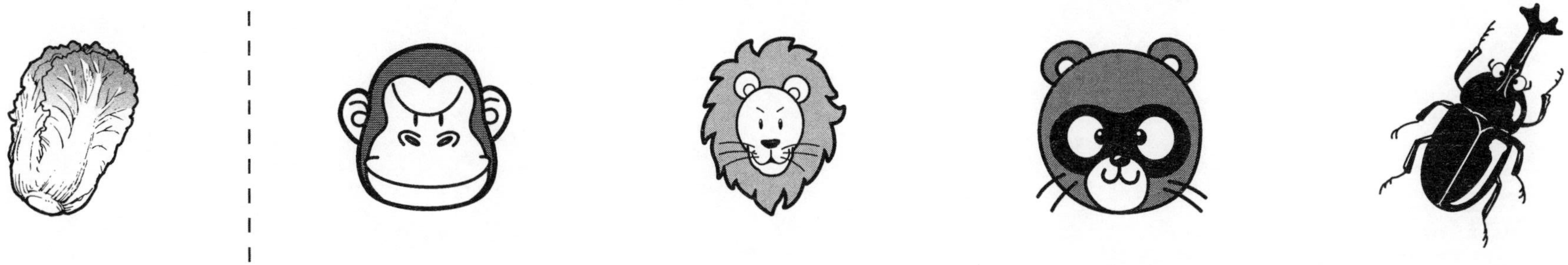

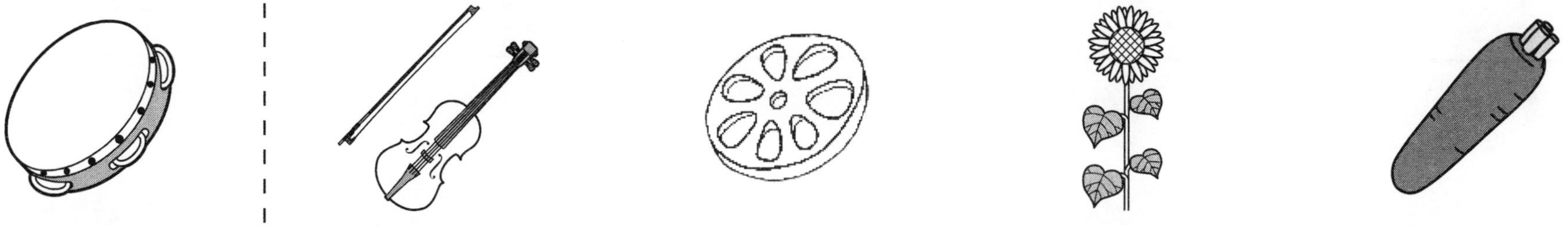

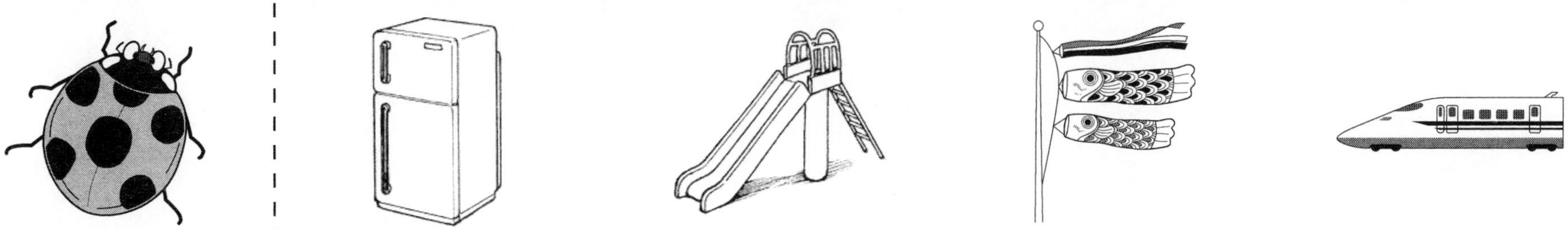

# 問題２６

①

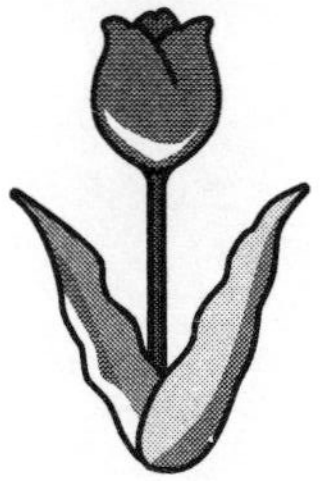

②

③

④

# 問題２７

# 問題28

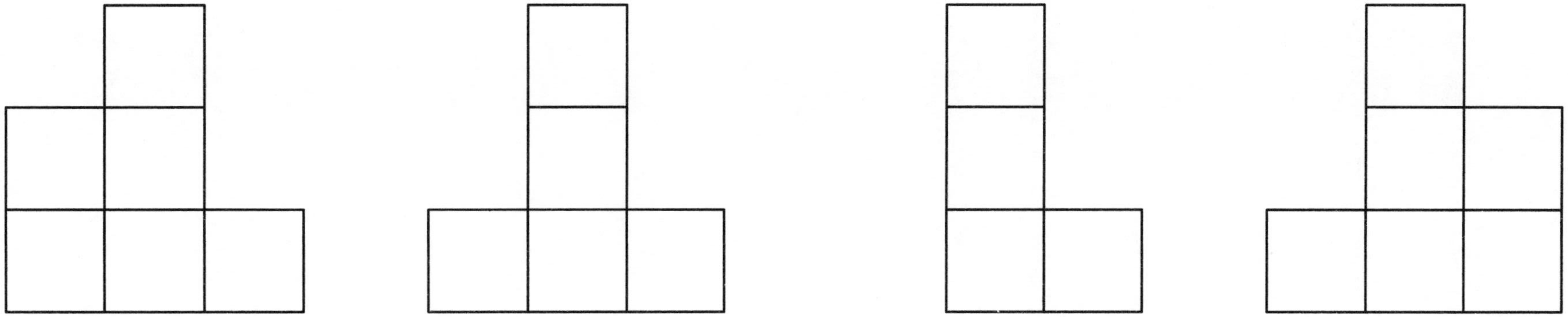

# 問題３０

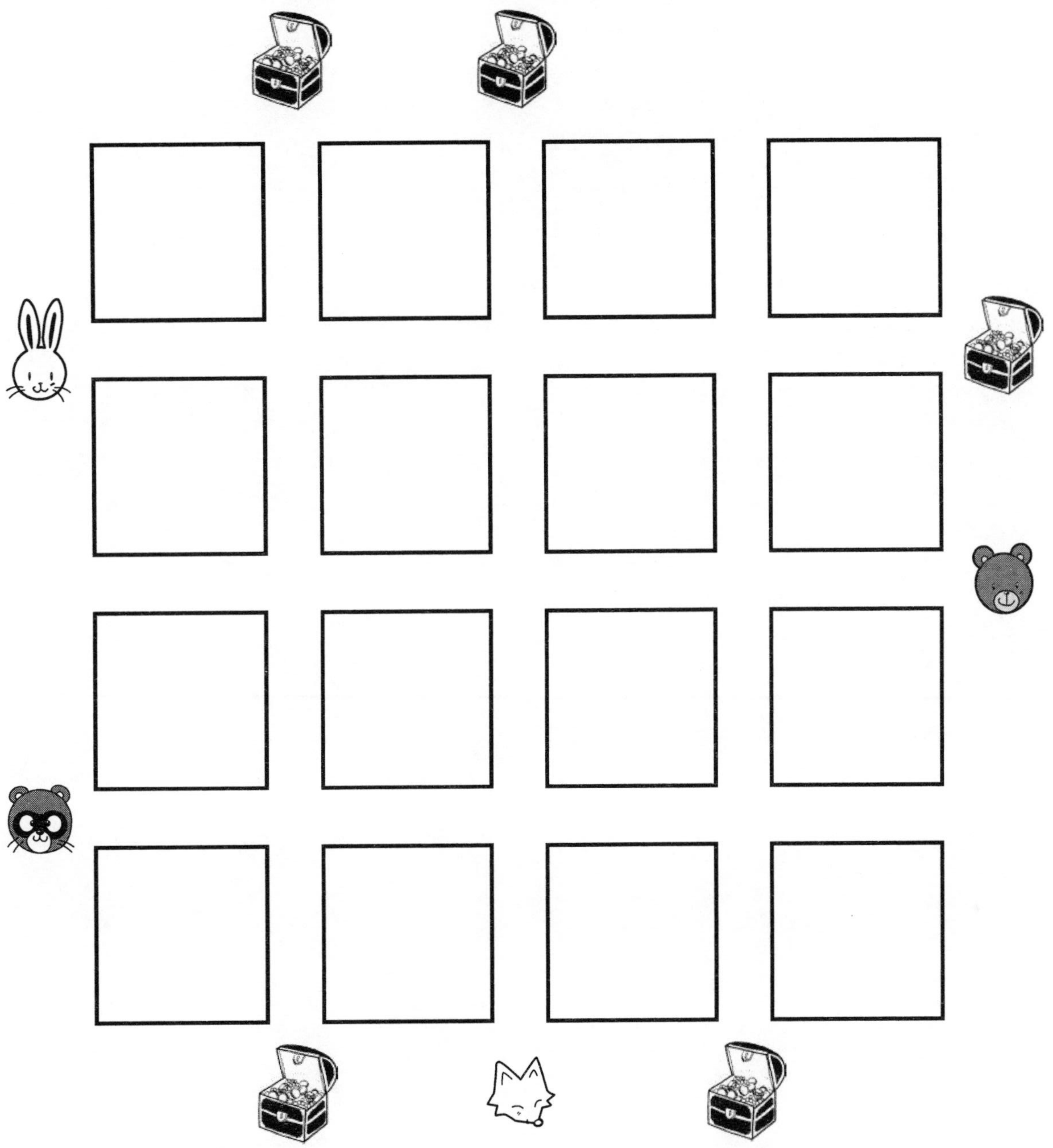

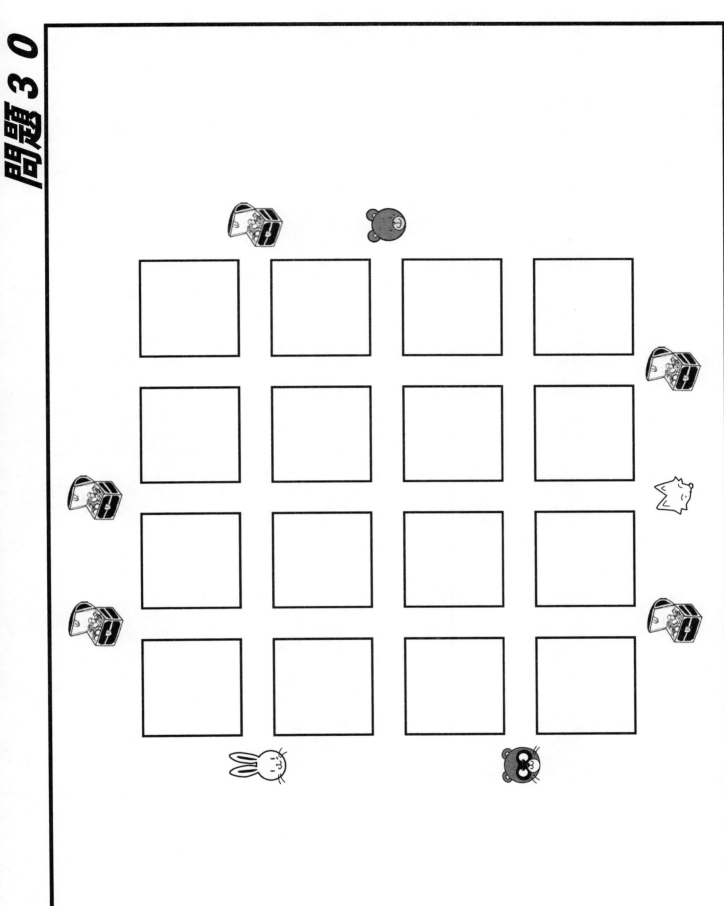

2021 年度版 洗足学園 過去　無断複製／転載を禁ずる　日本学習図書株式会社

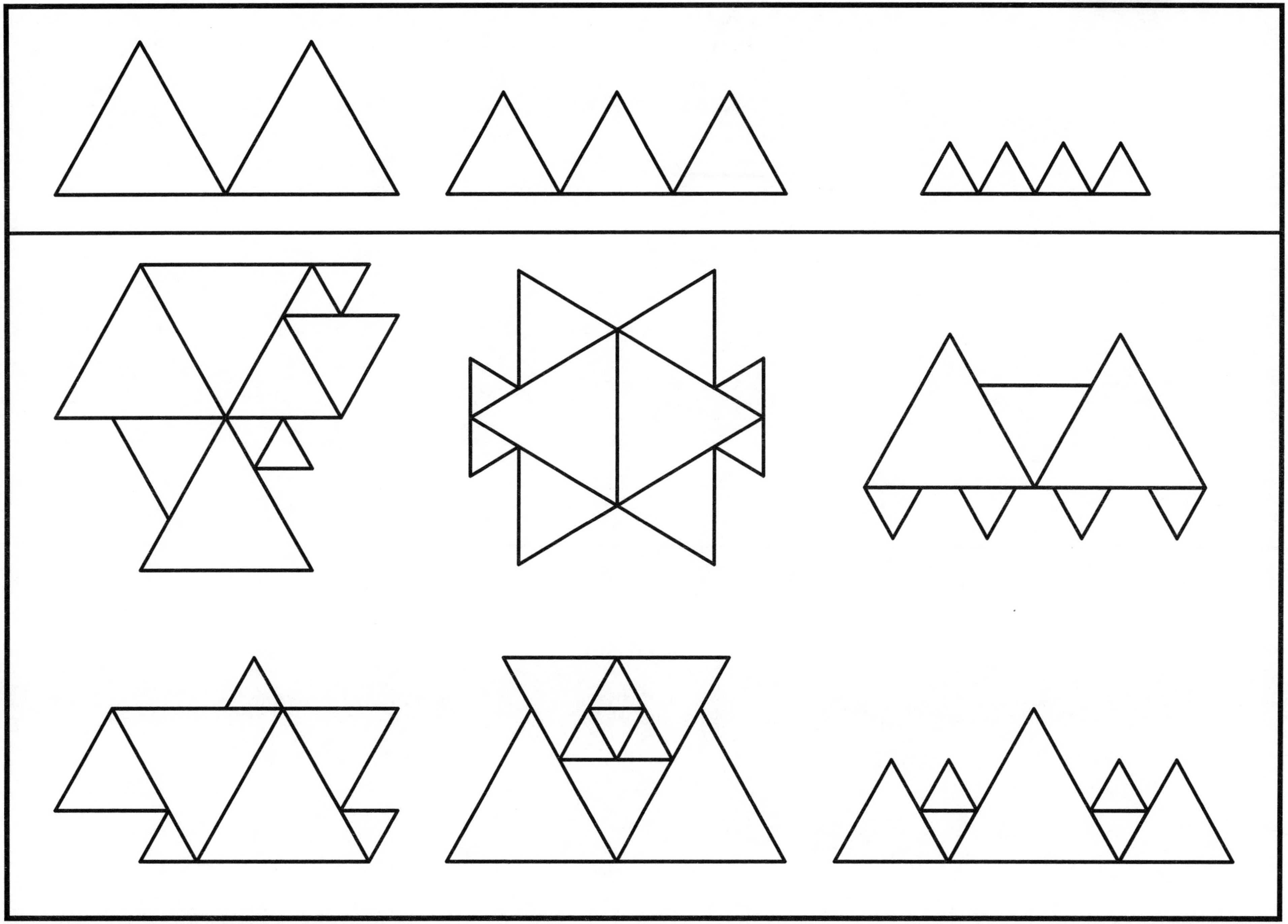

# 問題３２

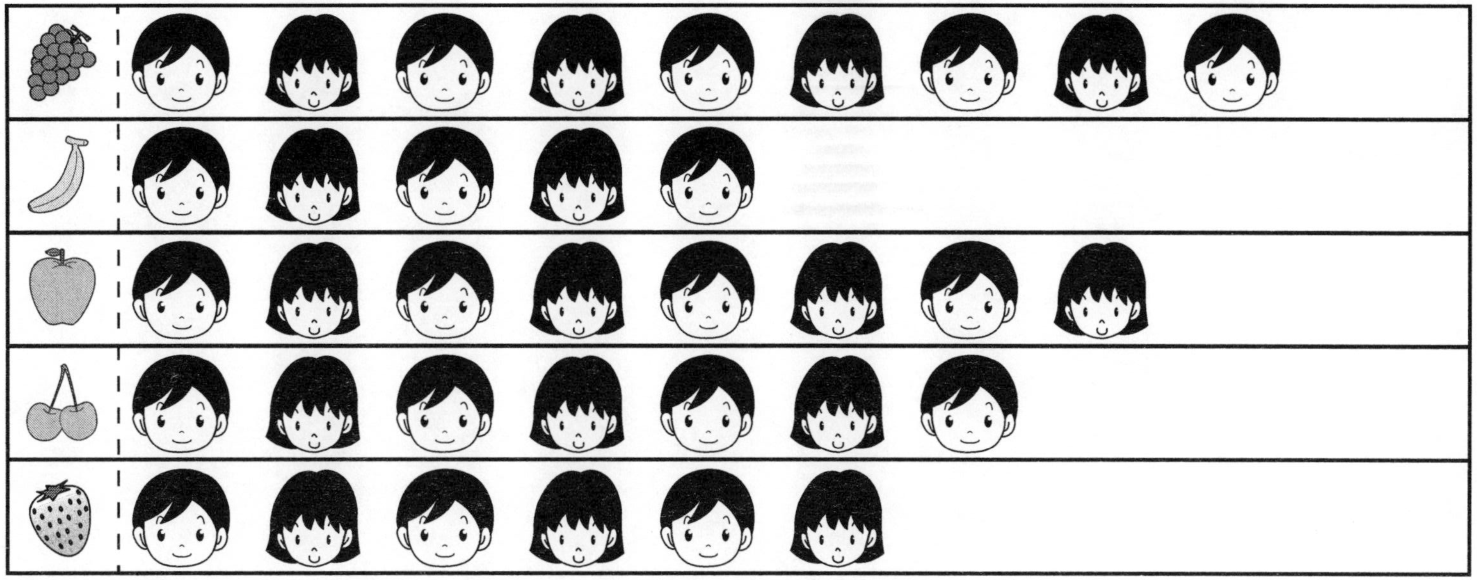

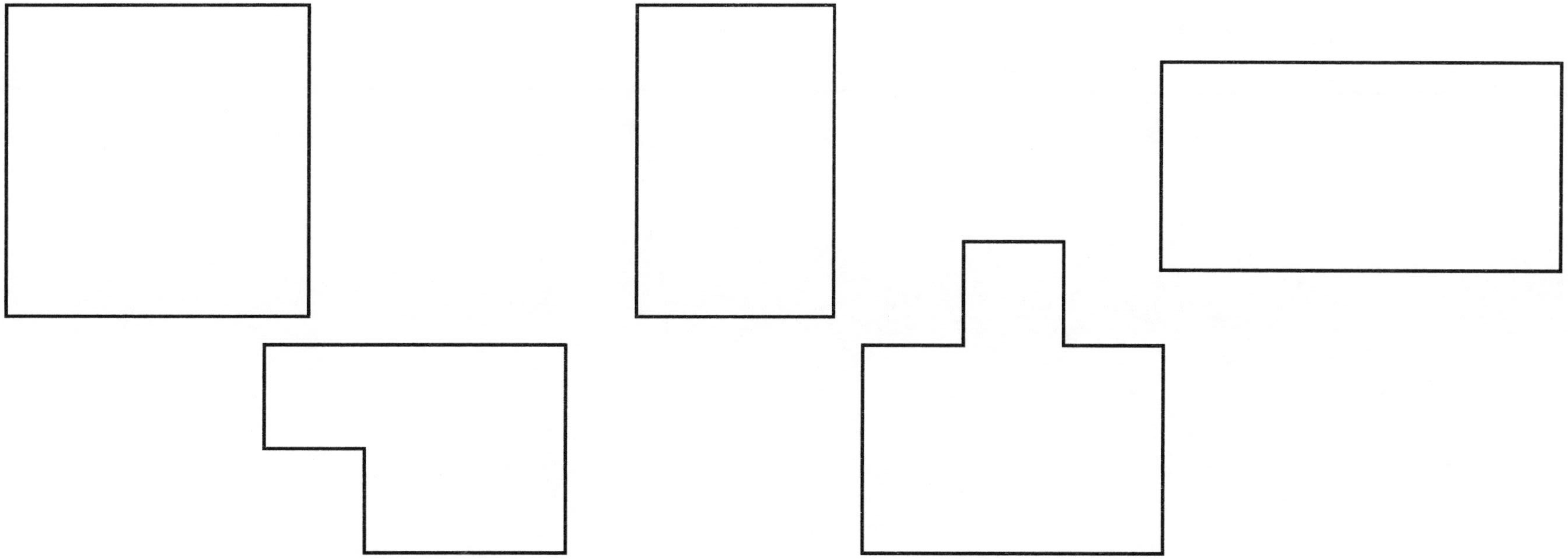

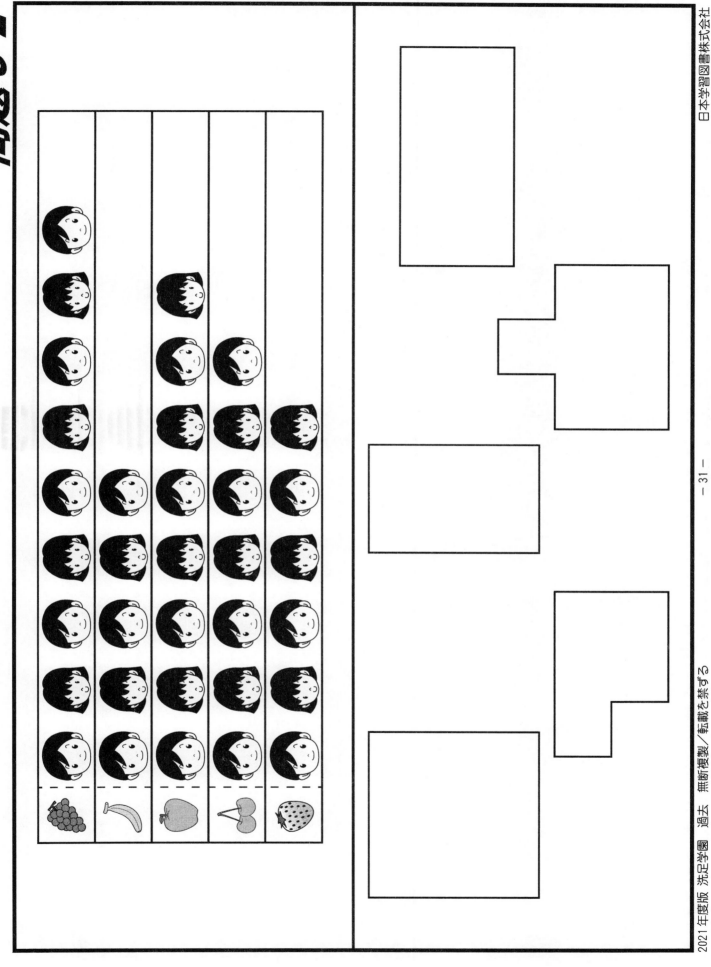

# 問題33

①

②

# 問題３４

# 問題３５

# 問題36

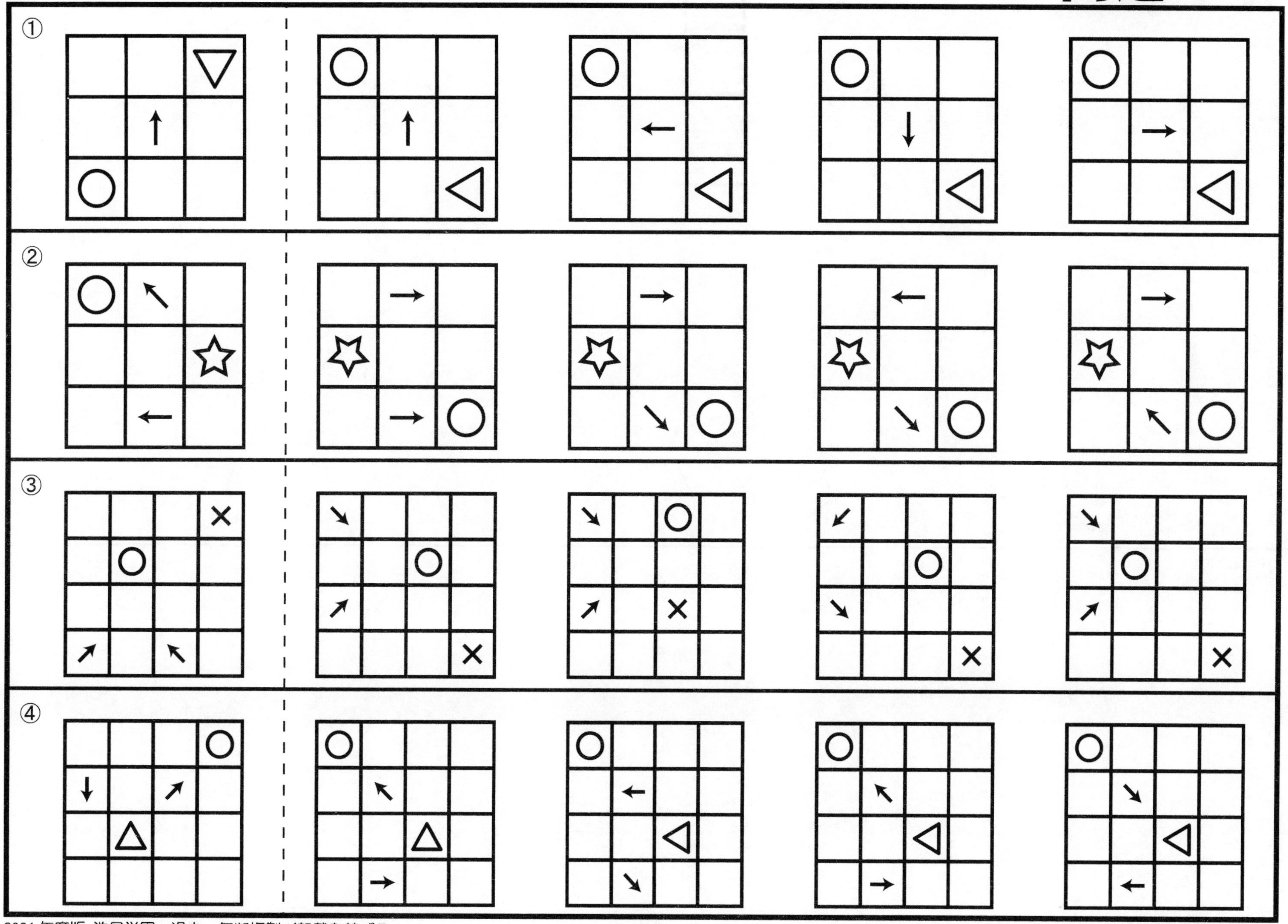


 

日本学習図書株式会社

# 問題３７

①

②

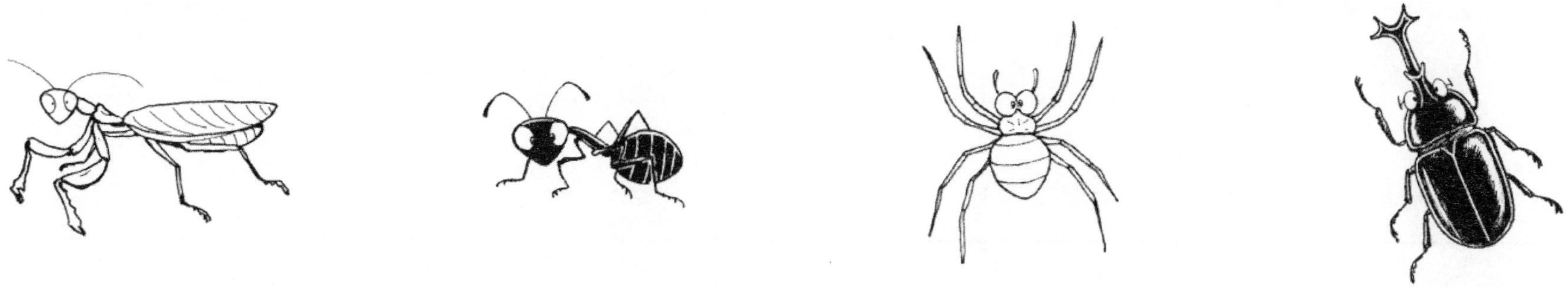

③

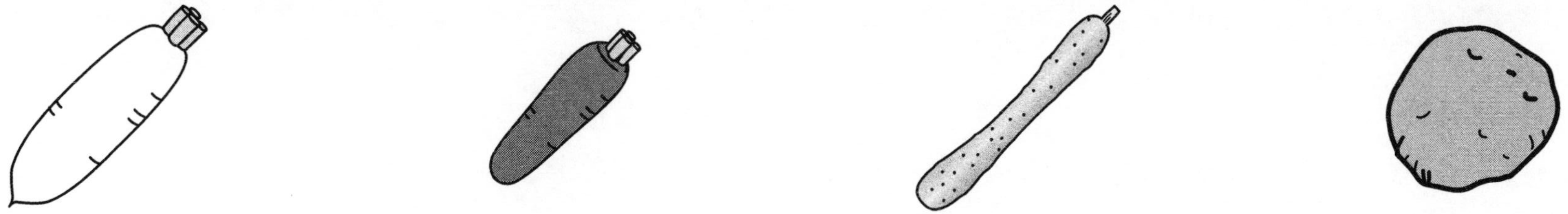

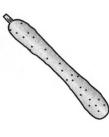

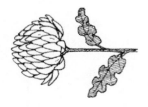

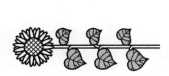

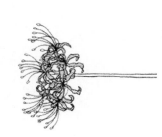

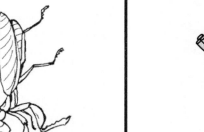

# 問題３８

# 問題39

問題４０

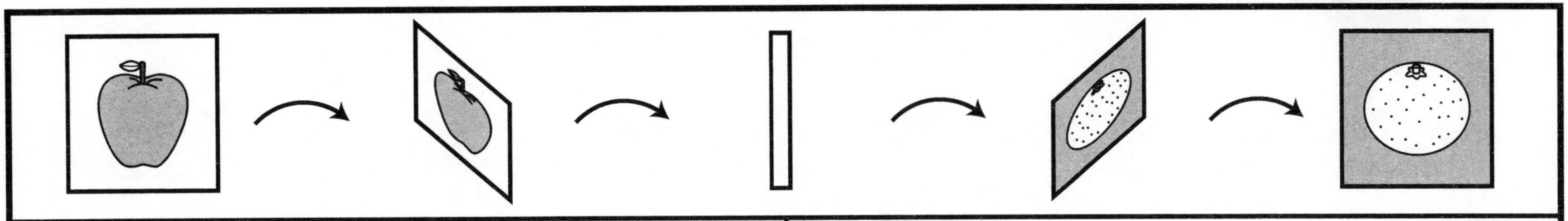

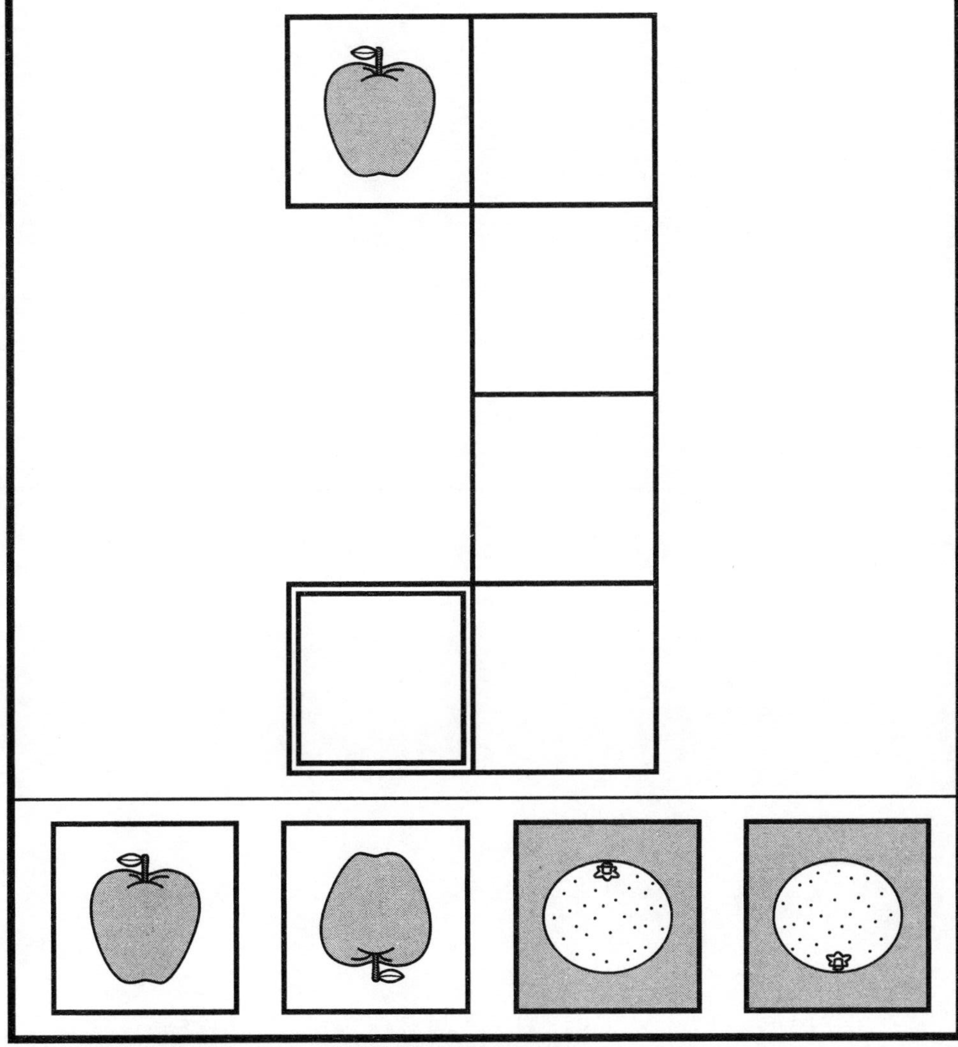

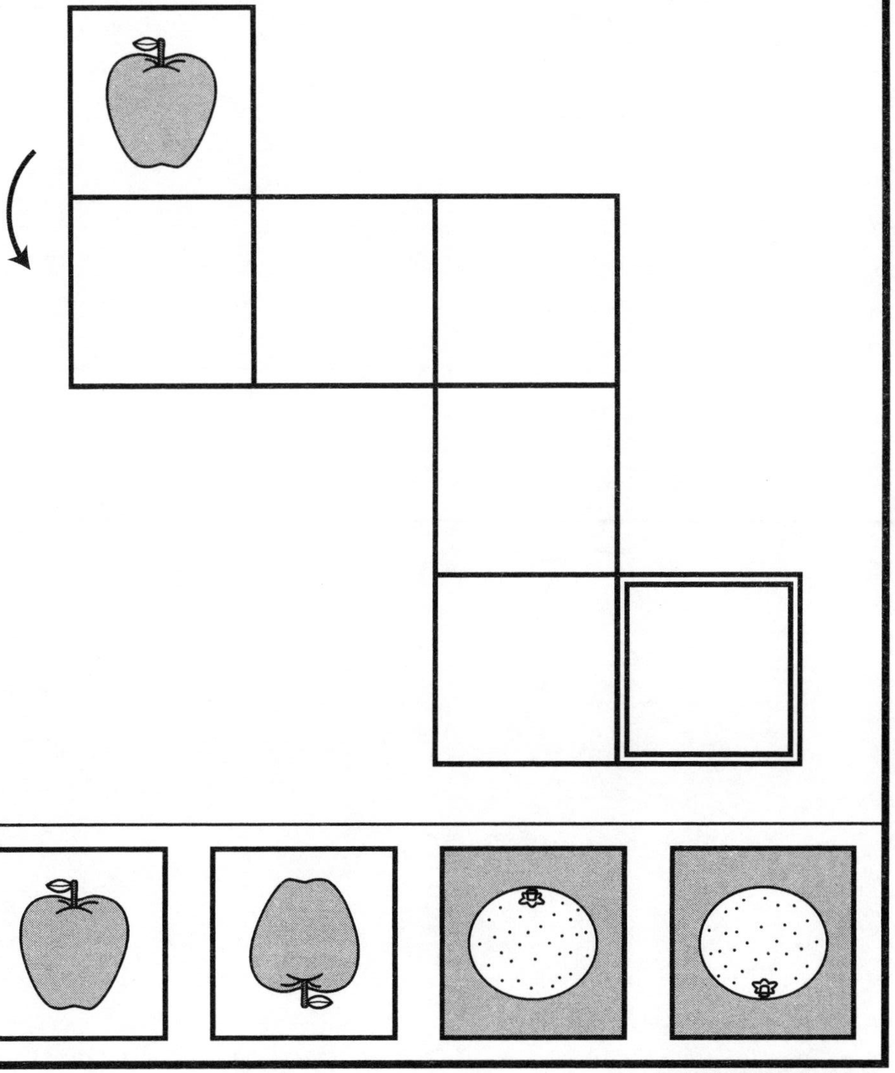

図書カード 1000 円分プレゼント

ご記入日 令和　　年　　月　　日

# ☆国・私立小学校受験アンケート☆

※可能な範囲でご記入下さい。選択肢は○で囲んで下さい。

〈小学校名〉＿＿＿＿＿＿＿＿＿＿＿＿　〈お子さまの性別〉男・女　〈誕生月〉＿＿月

〈その他の受験校〉（複数回答可）＿＿＿＿＿＿＿＿＿＿＿＿＿＿＿＿＿＿＿＿

〈受験日〉①：＿＿月＿＿日〈時間〉＿＿時＿＿分　～　＿＿時＿＿分

②：＿＿月＿＿日〈時間〉＿＿時＿＿分　～　＿＿時＿＿分

〈受験者数〉男女計＿＿名（男子＿＿名　女子＿＿名）

〈お子さまの服装〉＿＿＿＿＿＿＿＿＿＿＿＿＿＿＿＿

〈入試全体の流れ〉（記入例）準備体操→行動観察→ペーパーテスト

＿＿＿＿＿＿＿＿＿＿＿＿＿＿＿＿＿＿＿＿＿＿＿＿＿＿

**Eメールによる情報提供**

日本学習図書では、Eメールでも入試情報を募集しております。

下記のアドレスに、アンケートの内容をご入力の上、メールをお送り下さい。

**ojuken@nichigaku.jp**

## ●行動観察　（例）好きなおもちゃで遊ぶ・グループで協力するゲームなど

〈実施日〉＿＿月＿＿日〈時間〉＿＿時＿＿分　～　＿＿時＿＿分〈着替え〉□有　□無

〈出題方法〉□肉声　□録音　□その他（　　　　　　）〈お手本〉□有　□無

〈試験形態〉□個別　□集団（　　　人程度）

〈会場図〉

〈内容〉

□自由遊び

＿＿＿＿＿＿＿＿＿＿＿＿＿＿＿＿＿＿＿＿＿＿

□グループ活動

＿＿＿＿＿＿＿＿＿＿＿＿＿＿＿＿＿＿＿＿＿＿

□その他

＿＿＿＿＿＿＿＿＿＿＿＿＿＿＿＿＿＿＿＿＿＿

## ●運動テスト（有・無）　（例）跳び箱・チームでの競争など

〈実施日〉＿＿月＿＿日〈時間〉＿＿時＿＿分　～　＿＿時＿＿分〈着替え〉□有　□無

〈出題方法〉□肉声　□録音　□その他（　　　　　　）〈お手本〉□有　□無

〈試験形態〉□個別　□集団（　　　人程度）

〈会場図〉

〈内容〉

□サーキット運動

□走り　□跳び箱　□平均台　□ゴム跳び

□マット運動　□ボール運動　□なわ跳び

□クマ歩き

□グループ活動＿＿＿＿＿＿＿＿＿＿＿＿＿＿＿＿

□その他＿＿＿＿＿＿＿＿＿＿＿＿＿＿＿＿＿＿＿

## ●知能テスト・口頭試問

〈実施日〉 ＿＿月＿＿日 〈時間〉 ＿＿時＿＿分 ～ ＿＿時＿＿分 〈お手本〉□有 □無

〈出題方法〉 □肉声 □録音 □その他（　　　　　） 〈問題数〉 ＿＿枚 ＿＿問

| 分野 | 方法 | 内　　容 | 詳細・イラスト |
|---|---|---|---|
| （例）<br>お話の記憶 | ☑筆記<br>□口頭 | 動物たちが待ち合わせをする話 | （あらすじ）<br>動物たちが待ち合わせをした。最初にウサギさんが来た。次にイヌくんが、その次にネコさんが来た。最後にタヌキくんが来た。<br>（問題・イラスト）<br>３番目に来た動物は誰か  |
| お話の記憶 | □筆記<br>□口頭 | | （あらすじ）<br><br>（問題・イラスト） |
| 図形 | □筆記<br>□口頭 | | |
| 言語 | □筆記<br>□口頭 | | |
| 常識 | □筆記<br>□口頭 | | |
| 数量 | □筆記<br>□口頭 | | |
| 推理 | □筆記<br>□口頭 | | |
| その他 | □筆記<br>□口頭 | | |



日本学習図書株式会社

## ●制作　（例）ぬり絵・お絵かき・工作遊びなど

**〈実施日〉**＿＿月＿＿日 **〈時間〉**＿＿時＿＿分 ～ ＿＿時＿＿分

**〈出題方法〉** □肉声 □録音 □その他（　　　　　） **〈お手本〉** □有 □無

**〈試験形態〉** □個別 □集団（　　　　人程度）

| 材料・道具 | 制作内容 |
|---|---|
| □ハサミ<br>□のり（□つぼ □液体 □スティック）<br>□セロハンテープ<br>□鉛筆 □クレヨン（　色）<br>□クーピーペン（　色）<br>□サインペン（　色）□<br>□画用紙（□ A4 □ B4 □ A3<br>□その他：　　　　　　）<br>□折り紙 □新聞紙 □粘土<br>□その他（　　　　　　） | □切る □貼る □塗る □ちぎる □結ぶ □描く □その他（　　　　　　）<br>タイトル：＿＿＿＿＿＿＿＿ |

## ●面接

**〈実施日〉**＿＿月＿＿日 **〈時間〉**＿＿時＿＿分 ～ ＿＿時＿＿分 **〈面接担当者〉**＿＿名

**〈試験形態〉**□志願者のみ（　　）名 □保護者のみ □親子同時 □親子別々

**〈質問内容〉**

□志望動機　□お子さまの様子

□家庭の教育方針

□志望校についての知識・理解

□その他（　　　　　　　　　　　　）

（　詳　細　）

・

・

・

・

※試験会場の様子をご記入下さい。

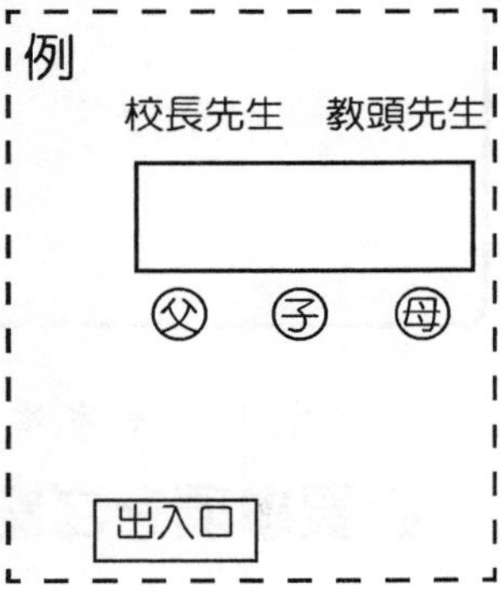


## ●保護者作文・アンケートの提出（有・無）

**〈提出日〉** □面接直前 □出願時 □志願者考査中 □その他（　　　　　　　）

**〈下書き〉** □有 □無

**〈アンケート内容〉**

（記入例）当校を志望した理由はなんですか（150 字）

●説明会（□有　□無）〈開催日〉　月　日〈時間〉　時　分　～　時　分

〈上履き〉 □要　□不要 〈願書配布〉 □有　□無 〈校舎見学〉 □有　□無

〈ご感想〉

●参加された学校行事（複数回答可）

公開授業〈開催日〉　月　日〈時間〉　時　分　～　時　分

運動会など〈開催日〉　月　日〈時間〉　時　分　～　時　分

学習発表会・音楽会など〈開催日〉　月　日〈時間〉　時　分　～　時　分

〈ご感想〉

※是非参加したほうがよいと感じた行事について

●受験を終えてのご感想、今後受験される方へのアドバイス

※対策学習（重点的に学習しておいた方がよい分野）、当日準備しておいたほうがよい物など

＊＊＊＊＊＊＊＊＊＊＊＊＊　ご記入ありがとうございました　＊＊＊＊＊＊＊＊＊＊＊＊＊

**必要事項をご記入の上、ポストにご投函ください。**

なお、本アンケートの送付期限は入試終了後３ヶ月とさせていただきます。また、入試に関する情報の記入量が当社の基準に満たない場合、謝礼の送付ができないことがございます。あらかじめご了承ください。

ご住所：〒

お名前：　　　　　メール：

ＴＥＬ：　　　　　ＦＡＸ：

アンケートのご記入ありがとうございました

ご記入頂いた個人に関する情報は、当社にて厳重に管理致します。弊社の個人情報取り扱いに関する詳細は、www.nichigaku.jp/policy.php の「個人情報の取り扱い」をご覧下さい。

# 分野別 小学入試練習帳 ジュニアウォッチャー

| | |
|---|---|
| 1．点・線図形 | 小学校入試で出題頻度の高い『点・線図形』の模写を、難易度の低いものから段階別に幅広く練習することができるように構成。 |
| 2．座標 | 図形の位置模写という作業を、難易度の低いものから段階別に練習できるように構成。 |
| 3．パズル | 様々なパズルの問題を難易度の低いものから段階別に練習できるように構成。 |
| 4．同図形探し | 小学校入試で出題頻度の高い、同図形選びの問題を繰り返し練習できるように構成。 |
| 5．回転・展開 | 図形などを回転、または展開したとき、形がどのように変化するかを学習し、理解を深められるように構成。 |
| 6．系列 | 数、図形などの様々な系列問題を、難易度の低いものから段階別に練習できるように構成。 |
| 7．迷路 | 迷路の問題を繰り返し練習できるように構成。 |
| 8．対称 | 対称に関する問題を４つのテーマに分類し、各テーマごとに問題を段階別に練習できるように構成。 |
| 9．合成 | 図形の合成に関する問題を、難易度の低いものから段階別に練習できるように構成。 |
| 10．四方からの観察 | もの（立体）を様々な角度から見て、どのように見えるかを推理する問題を段階別に整理し、１つの形式で複数の問題を練習できるように構成。 |
| 11．いろいろな仲間 | ものや動物、植物の共通点を見つけ、分類していく問題を中心に構成。 |
| 12．日常生活 | 日常生活における様々な問題を６つのテーマに分類し、各テーマごとに一つの問題形式で複数の問題を練習できるように構成。 |
| 13．時間の流れ | 『時間』に着目し、様々なものごとは、時間が経過するとどのように変化するのかということを学習し、理解できるように構成。 |
| 14．数える | 様々なものを『数える』ことから、数の多少の判定やかけ算、わり算の基礎までを練習できるように構成。 |
| 15．比較 | 比較に関する問題を５つのテーマ（数、高さ、長さ、量、重さ）に分類し、各テーマごとに問題を段階別に練習できるように構成。 |
| 16．積み木 | 数える対象を積み木に限定した問題集。 |
| 17．言葉の音遊び | 言葉の音に関する問題を５つのテーマに分類し、各テーマごとに問題を段階別に練習できるように構成。 |
| 18．いろいろな言葉 | 表現力をより豊かにするいろいろな言葉として、擬態語や擬声語、同音異義語、反意語、数詞を取り上げた問題集。 |
| 19．お話の記憶 | お話を聴いてその内容を記憶、理解し、設問に答える形式の問題集。 |
| 20．見る記憶・聴く記憶 | 「見て憶える」「聴いて憶える」という『記憶』分野に特化した問題集。 |
| 21．お話作り | いくつかの絵を元にしてお話を作る練習をして、想像力を養うことができるように構成。 |
| 22．想像画 | 描かれてある形や景色に好きな絵を描くことにより、想像力を養うことができるように構成。 |
| 23．切る・貼る・塗る | 小学校入試で出題頻度の高い、はさみやのりなどを用いた巧緻性の問題を繰り返し練習できるように構成。 |
| 24・絵画 | 小学校入試で出題頻度の高い、お絵かきやぬり絵などクレヨンやクーピーペンを用いた巧緻性の問題を繰り返し練習できるように構成。 |
| 25．生活巧緻性 | 小学校入試で出題頻度の高い日常生活の様々な場面における巧緻性の問題集。 |
| 26．文字・数字 | ひらがなの清音、濁音、拗音、拗長音、促音と１～20までの数字に焦点を絞り、練習できるように構成。 |
| 27．理科 | 小学校入試で出題頻度が高くなりつつある理科の問題を集めた問題集。 |
| 28．運動 | 出題頻度の高い運動問題を種目別に分けて構成。 |
| 29．行動観察 | 項目ごとに問題提起をし、「このような時はどうか、あるいはどう対処するのか」の観点から問いかける形式の問題集。 |
| 30．生活習慣 | 学校から家庭に提起された問題と思って、一問一問絵を見ながら話し合い、考える形式の問題集。 |

| | |
|---|---|
| 31．推理思考 | 数、量、言語、常識（含理科、一般）など、諸々のジャンルから問題を構成し、近年の小学校入試問題傾向に沿って構成。 |
| 32．ブラックボックス | 箱や筒の中を通ると、どのようなお約束でどのように変化するかを推理・思考する問題集。 |
| 33．シーソー | 重さの違うものをシーソーに乗せた時どちらに傾くのか、またどうすればシーソーは釣り合うのかを思考する基礎的な問題集。 |
| 34．季節 | 様々な行事や植物などを季節別に分類できるように知識をつける問題集。 |
| 35．重ね図形 | 小学校入試で頻繁に出題されている「図形を重ね合わせてできる形」についての問題を集めました。 |
| 36．同数発見 | 様々な物を数え「同じ数」を発見し、数の多少の判断や数の認識の基礎を学べるように構成した問題集。 |
| 37．選んで数える | 数の学習の基本となる、いろいろなものの数を正しく数える学習を行う問題集。 |
| 38．たし算・ひき算１ | 数字を使わず、たし算とひき算の基礎を身につけるための問題集。 |
| 39．たし算・ひき算２ | 数字を使わず、たし算とひき算の基礎を身につけるための問題集。 |
| 40．数を分ける | 数を等しく分ける問題です。等しく分けたときに余りが出るものもあります。 |
| 41．数の構成 | ある数がどのような数で構成されているか学んでいきます。 |
| 42．一対多の対応 | 一対一の対応から、一対多の対応まで、かけ算の考え方の基礎学習を行います。 |
| 43．数のやりとり | あげたり、もらったり、数の変化をしっかりと学びます。 |
| 44．見えない数 | 指定された条件から数を導き出します。 |
| 45．図形分割 | 図形の分割に関する問題集。パズルや合成の分野にも通じる様々な問題を集めました。 |
| 46．回転図形 | 「回転図形」に関する問題集。やさしい問題から始め、いくつかの代表的なパターンから、段階を踏んで学習できるよう編集されています。 |
| 47．座標の移動 | 「マス目の指示通りに移動する問題」と「指示された数だけ移動する問題」を収録。 |
| 48．鏡図形 | 鏡で左右反転させた時の見え方を考えます。平面図形から立体図形、文字、絵まで。 |
| 49．しりとり | すべての学習の基礎となる「言葉」を学ぶこと、特に「語彙」を増やすことに重点をおき、さまざまなタイプの「しりとり」問題を集めました。 |
| 50．観覧車 | 観覧車やメリーゴーラウンドなどを舞台にした「回転系列」の問題集。「推理思考」分野の問題ですが、要素として「図形」や「数量」も含みます。 |
| 51．運筆① | 鉛筆の持ち方を学び、点線なぞり、お手本を見ながらの模写で、線を引く練習をします。 |
| 52．運筆② | 運筆①からさらに発展し、「欠所補完」や「迷路」などを楽しみながら、より複雑な鉛筆運びを習得することを目指します。 |
| 53．四方からの観察 積み木編 | 積み木を使用した「四方からの観察」に関する問題を練習できるように構成。 |
| 54．図形の構成 | 見本の図形がどのような部分によって形づくられているかを考えます。 |
| 55．理科② | 理科的知識に関する問題を集中して練習する「常識」分野の問題集。 |
| 56．マナーとルール | 道路や駅、公共の場でのマナー、安全や衛生に関する常識を学べるように構成。 |
| 57．置き換え | さまざまな具体的・抽象的事象を記号で表す「置き換え」の問題を扱います。 |
| 58．比較② | 長さ・高さ・体積・数などを数学的な知識を使わず、論理的に推測する「比較」の問題を練習できるように構成。 |
| 59．欠所補完 | 線と線のつながり、欠けた絵に当てはまるものなどを求める「欠所補完」に取り組める問題集です。 |
| 60．言葉の音（おん） | しりとり、決まった順番の音をつなげるなど、「言葉の音」に関する問題に取り組める練習問題集です。 |